L&PMPOCKET**ENCYCLOPAEDIA**

CRUZADAS
Uma breve introdução

CB065544

SÉRIE **L&PM**POCKET**ENCYCLOPAEDIA**

Alexandre, o Grande Pierre Briant
Anjos David Albert Jones
Ateísmo Julian Baggini
Bíblia John Riches
Budismo Claude B. Levenson
Cabala Roland Goetschel
Câncer Nicholas James
Capitalismo Claude Jessua
Células-tronco Jonathan Slack
Cérebro Michael O'Shea
China moderna Rana Mitter
Cleópatra Christian-Georges Schwentzel
A crise de 1929 Bernard Gazier
Cruzadas Cécile Morrisson
Dinossauros David Norman
Drogas Leslie Iversen
Economia: 100 palavras-chave Jean-Paul Betbèze
Egito Antigo Sophie Desplancques
Escrita Andrew Robinson
Escrita chinesa Viviane Alleton
Evolução Brian e Deborah Charlesworth
Existencialismo Jacques Colette
Filosofia pré-socrática Catherine Osborne
Geração Beat Claudio Willer
Guerra Civil Espanhola Helen Graham
Guerra da Secessão Farid Ameur
Guerra Fria Robert McMahon
História da medicina William Bynum
História da vida Michael J. Benton
História econômica global Robert C. Allen
Império Romano Patrick Le Roux
Impressionismo Dominique Lobstein
Inovação Mark Dodgson e David Gann
Islã Paul Balta
Japão moderno Christopher Goto-Jones
Jesus Charles Perrot
John M. Keynes Bernard Gazier
Jung Anthony Stevens
Kant Roger Scruton
Lincoln Allen C. Guelzo
Maquiavel Quentin Skinner
Marxismo Henri Lefebvre
Memória Jonathan K. Foster
Mitologia grega Pierre Grimal
Nietzsche Jean Granier
Paris: uma história Yvan Combeau
Platão Julia Annas
Pré-história Chris Gosden
Primeira Guerra Mundial Michael Howard
Reforma Protestante Peter Marshall
Relatividade Russell Stannard
Revolução Francesa Frédéric Bluche, Stéphane Rials e Jean Tulard
Revolução Russa S. A. Smith
Rousseau Robert Wokler
Santos Dumont Alcy Cheuiche
Sigmund Freud Edson Sousa e Paulo Endo
Sócrates Cristopher Taylor
Teoria quântica John Polkinghorne
Tragédias gregas Pascal Thiercy
Vinho Jean-François Gautier

Cécile Morrisson

CRUZADAS
Uma breve introdução

Tradução de WILLIAM LAGOS

www.lpm.com.br
L&PM POCKET

Coleção **L&PM** POCKET, vol. 764

Cécile Morrisson é doutora em História, especialista em história bizantina e diretora do Centre National de la Recherche Scientifique.

Texto de acordo com a nova ortografia
Título original: *Les Croisades*

Primeira edição na Coleção **L&PM** POCKET: abril de 2009
Esta reimpressão: julho de 2019

Tradução: William Lagos
Capa: Ivan Pinheiro Machado. *Ilustração*: iStock
Preparação de original: Patrícia Yurgel
Revisão: Lia Cremonese

CIP-Brasil. Catalogação na Fonte
Sindicato Nacional dos Editores de Livros, RJ

M851c

Morrisson, Cécile, 1940-
   Cruzadas / Cécile Morrisson; tradução de William Lagos. – Porto Alegre, RS: L&PM, 2019.
   144p. – (L&PM POCKET ; v. 764)

   Tradução de: *Les Croisades*
   Inclui bibliografia
   ISBN 978-85-254-1871-5

   1. Cruzadas - História. I. Título. II. Série.

09-0382.	CDD: 909.07
	CDU: 94(100)"0375/1492"

© Presses Universitaires de France, *Les Croisades*

Todos os direitos desta edição reservados a L&PM Editores
Rua Comendador Coruja, 314, loja 9 – Floresta – 90.220-180
Porto Alegre – RS – Brasil / Fone: 51.3225.5777

PEDIDOS & DEPTO. COMERCIAL: vendas@lpm.com.br
FALE CONOSCO: info@lpm.com.br
www.lpm.com.br

Impresso no Brasil
Inverno de 2019

Sumário

Introdução 7

Capítulo I
As origens das cruzadas 11

Capítulo II
Da primeira à terceira cruzada: a criação e a defesa dos
   estados latinos na Terra Santa 28

Capítulo III
As cruzadas do século XIII: desvios e impotência 58

Capítulo IV
As estruturas das cruzadas 85

Capítulo V
As cruzadas no mundo medieval 112

Conclusão 134

Bibliografia 136

Introdução

O termo "cruzada" é raro e recente: não aparece no latim medieval antes da metade do século XIII e seu correspondente árabe (*hurub assalibiyya* = a guerra pela cruz) data somente de 1850. De fato, aos olhos dos orientais, as cruzadas permaneceram durante muito tempo como simples guerras iguais a tantas outras iniciadas pelos francos.[1] Já estes, que eram antes de tudo peregrinos, se consideravam como "soldados de Cristo" e "marcados pelo sinal da cruz" (*crucesignati*, em italiano), sendo a partir desta última expressão que se formou, por volta da metade do século XIII, o termo "cruzada" (também do italiano *cruciata*). Os textos medievais em geral designam essas expedições como "a viagem de Jerusalém" ou "o caminho do Santo Sepulcro" (*iter hierosolymitanum, via Sancti Sepulcri*, em latim) e, já no começo do século XIII, quando o movimento se tornou mais regular, sob o nome de "passagem" (que podia ser "a pequena passagem", "a grande passagem" ou "a passagem geral"). Subjacente a todas essas expressões se encontra a ideia da peregrinação: Joinville fala sobre "a peregrinação da cruz".[2] Ainda no século XIV, quando o Ocidente renuncia de fato, senão de direito, à reconquista de Jerusalém, as cruzadas são referidas pelo nome de "viagem a ultramar". Entendemos aqui por *cruzada*, seguindo a orientação de H. E. Mayer e J. Richard, uma peregrinação de cunho militar decidida por um papa que concede a seus participantes privilégios temporais e espirituais e lhes determina o objetivo de libertar o Sepulcro de Cristo, em Jerusalém.

É neste sentido que o termo foi compreendido pelos autores que escreveram sua história a partir do século XV,

---

1. Nome pelo qual eram referidos todos os europeus ocidentais. (N.T.)
2. Jean de Joinville (1224-1317), cronista e historiador francês. (N.T.)

mas o empregaram principalmente a partir do século XVII: em 1611, Bongars[3] reuniu os principais textos latinos que se referiam a elas em seu livro *Gesta Dei per francos*, enquanto Maimbourg[4] publicava sua *História geral das cruzadas* em 1682; ao mesmo tempo, pela metade desse século, a edição do *Corpus* dos historiadores bizantinos (chamada de *Bizantina do Louvre*) tornou conhecida no Ocidente a obra dos autores gregos da época das cruzadas. Esse esforço de publicação nem sempre foi explorado pelos estudiosos posteriores de maneira satisfatória. As cruzadas, talvez admiradas demais por Bongars, foram analisadas com paixão oposta por Th. Fuller (*History of the Holy Wars* [História das guerras santas], publicada entre 1639 e 1647)[5] e por Voltaire, em seu *Ensaio sobre os costumes* (1756). O termo "cruzada" tornou-se nessa época um sinônimo de "guerra santa", patrocinada pela Igreja Católica não importa por que motivo fosse, e, logo a seguir, de "manifestação de fanatismo". O século XIX, com seu interesse renovado pelo Oriente e pelo cristianismo medieval, foi mais favorável às cruzadas, consideradas novamente em seu sentido estrito original. Os primeiros historiadores "modernos" das cruzadas, que utilizaram ao mesmo tempo as fontes latinas, gregas e árabes, foram alemães (Wilken, em 1807, e Sybel, em 1841). Na França, a *História das cruzadas* de Michaud (1829), favorável às ações dos franceses no Oriente, foi acompanhada por uma *Biblioteca das cruzadas*, formada por excertos das crônicas europeias ocidentais, gregas, árabes e turcas e seguida pela publicação, realizada pela Academia Francesa das Inscrições, de sua monumental *Coletânea das histórias das cruzadas* (publicada entre 1841 e 1906). No final do século XIX, a Sociedade do Oriente latino publicou numerosos outros materiais em

---

3. Jacques de Bongars (1554-1612), diplomata e historiador francês. (N.T.)

4. Pierre-Louis de Maimbourg (1610-1686), padre jesuíta e historiador francês. (N.T.)

5. Thomas Fuller (1608-1681), teólogo anglicano e historiador inglês. (N.T.)

seus *Arquivos* e, em sua *Revista*, novas pesquisas críticas realizadas por historiadores alemães e franceses. Com base nessas pesquisas, os estudiosos do século XX puderam publicar diversas sínteses: a de R. Grousset (1934-1936), muito influenciada por referências à presença francesa na Síria; a de S. Runciman (1951-1954), mais objetiva e de cunho menos europeu; e, finalmente, uma história de autoria coletiva empreendida pela Universidade da Pensilvânia e publicada entre 1969 e 1989, ao mesmo tempo em que A. Dupront analisou, seguindo o modelo de P. Alphandéry, todos os componentes religiosos da ideia e do mito das cruzadas.

A maior parte desses estudos confunde a história das cruzadas com a história dos países do "Oriente latino", as quais, de fato, estão interligadas direta ou indiretamente. Sem ignorar os laços que as unem, preferimos nos limitar à história das cruzadas propriamente dita e à dos pequenos países criados pelos cruzados na Síria e na Palestina, que acabaram por se tornar o seu objetivo essencial. Foram esses que o cardeal de Óstia, por volta de 1260, denominou de "Cruzada do Ultramar" (transmarina) que, segundo ele, tinha a mesma natureza que a "Cruzada Cismarina", dirigida contra os inimigos da Igreja na Europa. Lembramos aqui esses desvios para outros objetivos que não a Terra Santa principalmente pela oposição que eles provocaram. Contudo, o aspecto europeu, antigamente negligenciado, é modernamente reivindicado pelos defensores anglo-saxões de uma concepção "pluralista" das cruzadas (J. Riley-Smith, E. Siberry, N. Housley), para os quais, além disso, elas não se limitaram ao período tradicional, e sim se prolongaram até o século XVIII.

Capítulo I

As origens das cruzadas

O entusiasmo coletivo provocado pela pregação da Primeira Cruzada surpreendeu até mesmo seu iniciador, o papa Urbano II, e ainda hoje continua a causar espanto. Durante os últimos trinta anos, numerosas pesquisas dedicadas à questão da origem das cruzadas desvendaram seus elementos essenciais, salientando muitas vezes o objetivo principal de cada pesquisa com exclusão dos outros. Podemos, de forma plenamente justificada, salientar as *condições sociais e econômicas* do final do século XI: alto crescimento demográfico, falta de terras cultiváveis, crescimento da economia monetária e das trocas comerciais, início da expansão italiana pelo Mediterrâneo. Em parte, elas explicam e, por outro lado, tornam possível o movimento que impulsiona para o Oriente alguns ocidentais (nobres relativamente desprovidos de terras e multidões de pobres em busca de melhores condições materiais e espirituais). Embora nem de longe neguemos a existência dessas condições, não pretendemos tratar delas aqui. Preferimos salientar o valor dos fatores específicos que explicam por que esse entusiasmo pelo Oriente assumiu o formato das cruzadas. Inicialmente, as *causas afastadas:* as constantes peregrinações individuais a Jerusalém e, igualmente, a doutrina e a prática da "justiça" das guerras contra os sarracenos. A ideia de cruzada nasceu do encontro dessas duas tradições. Mas, para de fato provocá-la, era preciso algum tipo de catalisador: uma *causa próxima* ou um *pretexto*, e esta foi a ideia, amparada em uma profunda ignorância do Oriente, de levar socorro aos cristãos orientais que estavam sendo oprimidos pelos turcos, segundo se acreditava.

I. As causas afastadas

1. As peregrinações a Jerusalém – Durante muito tempo a figura do cruzado foi referida nos textos medievais como a de um peregrino (*peregrinus*), alguém que realizava uma viagem à cidade santa de Jerusalém. A peregrinação aos lugares santos foi, portanto, um dos elementos primordiais das cruzadas e as definiu quase inteiramente. A Jerusalém terrestre, a "montanha santa", a "cidade de Deus", "colocada no meio das nações" (Ezequiel, 2:2), a "mãe dos povos" (Salmo 87:5) permaneceu para os cristãos como o centro do mundo espiritual. Esse lugar se tornou ainda mais santo porque a essa tradição hebraica se acrescentou o desejo de buscar, como escreveu Orígenes, "os vestígios de Cristo": a gruta da Natividade, o Calvário e o Santo Sepulcro foram redescobertos na época do imperador Constantino, e sobre esses lugares foram edificadas basílicas, ao mesmo tempo em que a Verdadeira Cruz, a relíquia mais preciosa de todas, se tornou o objeto de um culto particular. Todavia, a peregrinação não era uma obrigação religiosa: São Jerônimo a considerava como um ato de fé, mas reconhecia que não era indispensável; segundo a maneira de pensar de Santo Agostinho, era até mesmo nociva, e a moda que impulsionou algumas damas da corte imperial a passarem uma espécie de férias na Terra Santa foi objeto das críticas mordazes dos padres gregos. Mas a corrente que levava os fiéis à Palestina não foi em absoluto afetada por essas opiniões. Nem o fim do mundo romano e a insegurança que daí surgiu e nem sequer a conquista árabe conseguiram interromper esse movimento; ele persistiu, ainda que atenuado, durante os séculos VII e VIII. As dificuldades sofridas durante a viagem a partir de então pareceram até mesmo fazer parte e reforçar a espiritualidade das peregrinações. Depois de se desfazer de seus bens materiais, o fiel estava preparado para o sofrimento e até para a morte, em uma missão que os hagiógrafos frequentemente identificavam como a marcha dos hebreus para a Terra Prometida ou, mais ainda, como uma participação na

Paixão de Cristo. A partir do século VII, a peregrinação figura entre as penitências canônicas, e os manuais de penitência da igreja irlandesa contribuíram para difundir o ritual sobre o continente, que os missionários celtas novamente buscavam evangelizar. Devido a uma confusão compreensível, apesar de condenações oficiais (Concílio de Châlons, em 813), firmou-se a crença de que a peregrinação lavava os pecados. O primeiro dos peregrinos penitentes conhecido foi Fromond, um nobre francês que realizou a peregrinação durante a metade do século IX. Foi seguido por muitos outros, dos quais os mais célebres, Roberto, o Diabo, duque da Normandia, e Foulque Nerra, conde de Anjou, fizeram diversas vezes a viagem até a Terra Santa como expiação por seus graves pecados. De fato, durante o século XI, a peregrinação já estava sendo imposta como penitência aos nobres mais desordeiros que quebravam a paz que a Igreja se esforçava por instaurar no seio da cristandade latina.

A partir do final do século X, a instauração da paz no mar Mediterrâneo favoreceu o movimento dos peregrinos, que aumentava sem cessar. O final da pirataria muçulmana na Provença (972) e em Creta (961), o controle do Mediterrâneo oriental pela marinha bizantina, a cristianização da Hungria e a expansão da autoridade bizantina, que passou a abranger desde a Bulgária até a Síria setentrional, tornaram menos perigosas tanto as rotas marítimas como terrestres em direção à Terra Santa, nas quais os sultões da dinastia fatímida davam toda a liberdade aos peregrinos desde que pagassem um pedágio. A perseguição – dirigida também contra os judeus – ordenada pelo califa Al-Hakim e que culminou com a destruição da basílica do Santo Sepulcro (1009) foi apenas um episódio excepcional, logo seguido por um acordo entre os fatímidas e o governo de Bizâncio, que permitiu a restauração do santuário. A cristandade se revoltou por algum tempo, mas sua única reação efetiva foi a conversão forçada ou o massacre de algumas comunidades judaicas estabelecidas na Europa, que foram responsabilizadas pelos funestos acontecimentos.

No começo do século XI, as condições materiais da Jerusalém terrestre não eram de grande importância: para muitos peregrinos, ela era apenas uma imagem imperfeita da Jerusalém celeste, ainda que fosse um lugar em que se buscava a morte a fim de ingressar imediatamente na beatitude da cidade que espelhava, como fez um certo Liébaut d'Autun, cuja prece foi atendida. Por volta de 1033, com a aproximação do milenário da morte de Cristo, "uma multidão inumerável convergiu do mundo inteiro para o sepulcro do Salvador em Jerusalém. Inicialmente, foi gente pobre das classes inferiores, depois pessoas de condições medianas e, finalmente, todos os grandes, reis, condes, marqueses, prelados [...] grande número de mulheres, as mais nobres junto com as mais pobres. [...] A maioria compartilhava o desejo de morrer em algum ponto dos santos lugares em vez de retornar para seus próprios países" (Raoul Glaber).

A numerosa fundação de monastérios em Jerusalém durante o século XI materializa o desejo de encerrar na Cidade Santa uma vida regenerada.

A tranquilidade que se estabeleceu após a passagem do milênio não suspendeu o afluxo de peregrinos ao Oriente; ao contrário, o movimento se organizou: ao longo das rotas e na própria Jerusalém se multiplicaram os albergues, muitas vezes criados e mantidos por monges originados da Abadia de Cluny. Os grandes personagens viajavam com um séquito armado e eram muitas vezes seguidos por uma multidão de peregrinos que aproveitavam a proteção oferecida por essa escolta; estes grupos formavam, em algumas ocasiões, verdadeiras expedições com organização hierárquica. Robert da Normandia levava consigo muitas centenas de pessoas, e o bispo alemão Günther von Bamberg, em 1064, provavelmente tenha levado muitos milhares. A peregrinação individual, realizada sem armas e com despojamento espiritual e material, havia se transformado em um esforço coletivo, acompanhado por uma demonstração de força, quiçá de luxo. A passagem para o Oriente, muitas vezes realizada por meio de Constantinopla, provocou efetivamente, através da contemplação da riqueza bizantina, o desejo ingênuo de rivalizar com ela ou, caso isso fosse impossível, afirmar superioridade mediante uma demonstração de coragem. Se os pobres continuavam a realizar sua peregrinação com um ascetismo imposto por sua condição social, que de fato não era de sua escolha, mas se tornava transfigurada pelo mérito do empreendimento, os guerreiros viam nela mais uma aventura do que um exercício de religião.[6] Mas a riqueza dos grupos de peregrinos cada vez mais numerosos provocou a cobiça, e os cristãos – como naquela expedição de alemães perto de Ramalá, no ano de 1065 – foram obrigados algumas vezes a realmente empregar suas armas em combate com bem menos má vontade do que dão a entender os cronistas eclesiásticos. Em pouco tempo, o emprego das armas passou até mesmo a ser abençoado pela Igreja.

2. A legitimidade da guerra contra os infiéis – De fato, em oposição direta à tradição cristã primitiva, que condenava o uso das armas, com base em duas citações do Novo Testamento, uma do evangelho segundo São Mateus, capítulo 26, versículo 52 ("Quem viver pela espada, pela espada perecerá") e a outra da Segunda Epístola de São Paulo aos Coríntios, capítulo 10, versículo 4 ("As armas de nosso combate não são materiais"), a igreja do Ocidente formulou, já desde o século IV, uma teoria da "guerra justa": Santo Agostinho, que inicialmente fora fiel ao pensamento paulino, viu-se forçado a admitir a necessidade da guerra contra os heréticos que as armas espirituais não pudessem convencer, do mesmo modo que reconheceu a legitimidade da guerra defensiva. Com a promessa de recompensas celestes aos combatentes, foi fácil passar da noção de guerra justa para a de "guerra santa". No século IX, quando Roma se achava

---

6. Os soldados escandinavos, que começaram a partir para o Oriente após o final do século X, pensavam em juntar inicialmente um pecúlio ao serviço dos príncipes de Kiev e dos imperadores de Bizâncio antes de empreender a peregrinação a Jerusalém, que era a etapa final, mas não o único objetivo de sua viagem. (N.A.)

exposta às incursões húngaras, normandas e sarracenas, os papas se esforçaram para criar uma "milícia de Cristo" para a defesa da "pátria cristã", e João VIII garantiu aos bispos francos que "aqueles que combaterem valentemente contra os pagãos e os infiéis, se perecerem dentro da piedade da fé católica, entrarão diretamente no repouso da vida eterna" (878 d.C.).

No final dos séculos X e XI, a Igreja se esforçou para cristianizar os costumes da sociedade militar, propondo aos cavaleiros o ideal de proteger os fracos e oprimidos e de defender a paz através da luta contra os salteadores. A Trégua de Deus e os movimentos pela paz destinados a fazer respeitar esse ideal iniciaram e, por um certo tempo, se limitaram ao sudoeste da França. O Concílio de Narbonne (1054) decretou que "aquele que mata um cristão, derrama o sangue de Cristo". Sob a égide do papado, se organizou uma ação armada ao serviço da Igreja; em terras cristãs, sua função era manter a ordem e estabelecer a justiça; nas fronteiras, se destinava a combater os sarracenos. Em 1063, Alexandre II declarou como sendo justa a luta contra aqueles "que perseguem os cristãos e os expulsam de suas cidades" e, mais ainda, concede o perdão dos pecados aos combatentes em tais empresas. Os cavaleiros franceses (na sua maioria borguinhões), atraídos assim à ajuda de Aragão, não obtiveram sucessos duradouros, e a Reconquista é, acima de tudo, o resultado dos esforços do reino de Castela obtidos com suas próprias forças. Mas as consequências dessas expedições ultrapassam o domínio espanhol: a Igreja adquiriu o hábito de encorajar as guerras contra os muçulmanos e de atrair os franceses para esses combates por meio do desenvolvimento da peregrinação para o santuário de Compostela. Tais expedições prepararam, portanto, até certo ponto, a resposta dos nobres ao apelo de Clermont.

Por outro lado, em troca de seu apoio à Igreja, os soberanos desses reinos fronteiriços receberam o título papal de "Fiéis de São Pedro", entre eles o rei de Aragão e o conde normando Rogério da Sicília, em 1063. Deste modo, a guerra santa pôde parecer o instrumento mais útil de uma política que forneceria ao papado vassalos e protetores em luta contra o Império.[7] Herdeiro dessa política, Urbano II talvez tenha pensado – embora não existam provas concretas nesse sentido – que poderia criar da mesma forma no Oriente um novo estado cristão que lhe seria diretamente submisso.

3. A imagem do Oriente de acordo com a mentalidade europeia no final do século XI – Os projetos do papa Urbano II, fossem eles declarados ou inconfessos, se explicam pelo seu desconhecimento do Oriente. Nesse ponto, ele apenas partilhava da ignorância da sociedade europeia de seu tempo com relação tanto a Bizâncio como ao mundo muçulmano. Um largo fosso separava a civilização bizantina do século XI e a cultura filosófica de um Psellos, por exemplo, dos conhecimentos de um Gerbert d'Aurillac, que abrangiam somente alguns fragmentos de Aristóteles. Muito raros eram aqueles que conheciam um pouco de grego nessa época, mesmo os mais eruditos. Aos olhos dos ocidentais, a ciência bizantina era uma farsa, e a repugnância pela guerra manifestada por um povo rico e relativamente desenvolvido era confundida com fraqueza pelos que se dedicavam ao ofício das armas. Seguros de sua força em consequência dos primeiros sucessos obtidos contra os bizantinos na Itália meridional, os normandos contribuíram para expandir a imagem dos gregos ardilosos, mas sobretudo ricos e mandriões. Foi desse modo que se começaram a gravar na mentalidade ocidental, a partir de então, as imagens da sedução das riquezas e da fraqueza militar de Bizâncio, o que explicaria em parte a atitude ulterior dos cruzados com relação ao Império.

A cristandade ocidental se mostrava ainda mais ignorante com relação ao Oriente muçulmano: os *itinerários*,

---

7. O "Império Romano do Oriente", ou Império Bizantino, cujos soberanos não somente eram partidários da Igreja Ortodoxa, como não queriam se submeter à autoridade temporal do papado e estavam em constante atrito e rivalidade com a política espiritual e material dos papas. (N.T.)

ou seja, os relatos escritos pelos peregrinos, não se podiam comparar com as obras dos geógrafos muçulmanos e se detinham mais em estabelecer comparações com lembranças referentes às Escrituras do que no estado presente das terras visitadas. Ao mesmo tempo, os autores eclesiásticos se interessavam mais pelo lugar dos sarracenos dentro da história bíblica e sua filiação a partir de Ismael do que por seu enfrentamento real e material com os cristãos. Na Espanha muçulmana, como reação contra a sedução exercida pela cultura árabe e pela religião dos vencedores, certos cristãos do século IX descreviam Maomé como um falso profeta dedicado aos prazeres carnais. Eles interpretavam o islamismo em termos apocalípticos e viam em seu reino e sua vitória sobre os gregos ou os francos um castigo divino e um sinal do fim dos tempos. Na França setentrional, mais afastada do mundo muçulmano, os sarracenos não entram tão diretamente no pensamento escatológico; é certo que Paschase Radbert (falecido por volta de 865) os cita em seu comentário sobre o capítulo 24 do evangelho segundo São Mateus como gente belicosa que submeteu pela força muitas regiões anteriormente cristãs e que têm como objetivo a dominação do mundo inteiro. Ele não os distinguia absolutamente dos pagãos que ignoravam totalmente o evangelho, mas tampouco os considerava a todos como os precursores do anticristo. A exemplo de São João Damasceno, consciente de uma certa comunidade de pensamento, ele os considera mais como hereges. Mas *A canção de Rolando* apresenta os infiéis como verdadeiros pagãos, adoradores de falsos deuses (Maomé, Apolo e Tervagante) e de suas imagens de escultura. Esses estereótipos foram amplamente difundidos na época da Primeira Cruzada, em que os cronistas descreviam, além disso, uma estátua do anticristo Maomé, que estaria entronizada no "Templo de Jerusalém" (confundido com a Mesquita de al-Aqsa, que fora construída havia pouco no mesmo local). Assim, as cruzadas favoreceram a passagem da ignorância para a deformação caricatural.

II. As causas próximas

1. Bizâncio na origem das cruzadas – um mal-entendido – Às vésperas da primeira das cruzadas, os ocidentais não eram desconhecidos em Bizâncio: sem se preocuparem nem um pouco com as distinções étnicas desse conjunto de "bárbaros", os autores gregos os designavam pelo nome genérico de francos ou mesmo, levados pelo desejo de evitar arcaísmos, os chamavam de celtas – um nome que abrangia bem melhor tanto os franceses como os normandos. Estes últimos, no decorrer do século XI, passaram a encarnar quase exclusivamente a realidade humana do Ocidente latino para os bizantinos.

Na verdade, os peregrinos de todas as origens que se dirigiam a Jerusalém não se demoravam por muito tempo em Constantinopla; os mercadores italianos (venezianos ou amalfitanos) constituíam na época somente uma colônia reduzida, cujas atividades pacíficas não provocavam ainda qualquer hostilidade generalizada, apesar dos privilégios comerciais concedidos a Veneza pela chamada "crisobula imperial" de 1082. São apenas os normandos que ocupam um lugar de destaque na consciência histórica bizantina devido à sua condição ambígua de inimigos ou mercenários. O primeiro grupo de normandos que penetrou na Itália do Sul no começo do século XI se dirige em peregrinação à basílica de São Miguel no monte Gargano. Contratados pelos príncipes lombardos e depois por um general bizantino, esses mercenários logo desenvolveram suas próprias políticas em favor de seus interesses. A partir da tomada de Bari (1071), toda a Itália meridional passou a lhes pertencer. Os bizantinos expulsos buscaram então a ajuda de seus antigos inimigos. O tratado de aliança concluído em 1074 com Robert Guiscard não visava apenas a descartar a ameaça de um possível ataque, mas também a comprar, em troca da outorga de dignidades e recompensas financeiras, os eventuais serviços dos soldados normandos. Aliás, eram serviços apreciados havia bastante tempo porque, desde a metade do século, os contingentes normandos que formavam uma tropa

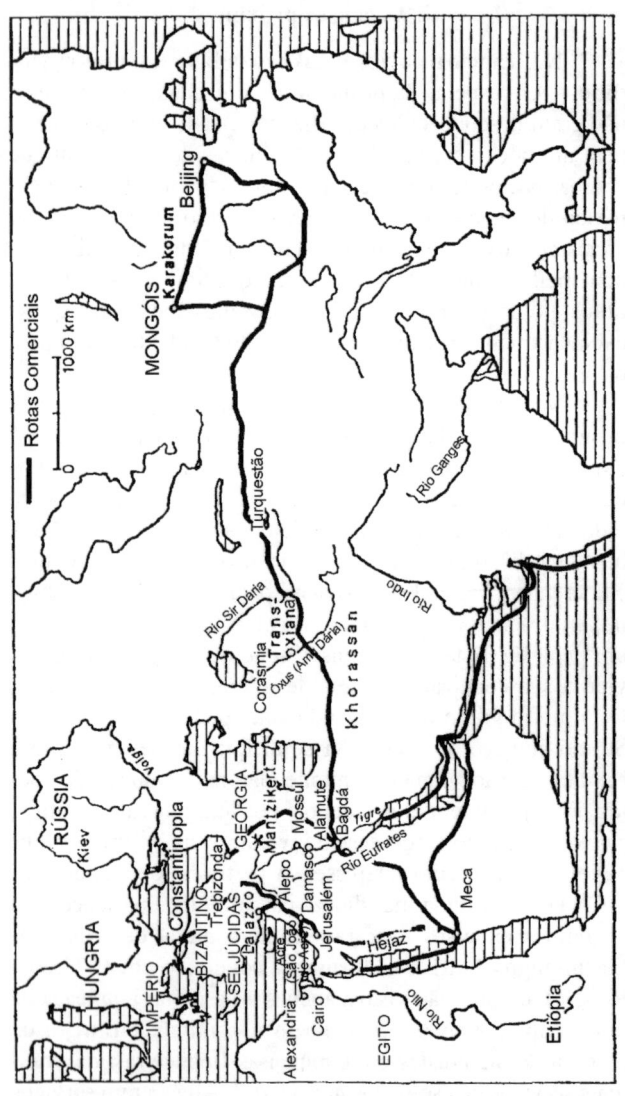

Figura 1 – Oriente Próximo e Ásia Central na época das cruzadas

de elite no exército bizantino eram empregados na Armênia em defesa da fronteira contra as incursões dos turcos seljúcidas. A reputação desses cavaleiros pesadamente armados, os chamados "homens de ferro", é grande: sua coragem e sua coesão durante os ataques lhes conferem até mesmo a fama de serem invencíveis. Mas também são caracterizados pela indisciplina, pelo "espírito do lucro" – em outras palavras, por se revoltarem quando os soldos se atrasavam – e pelo gosto da aventura: mais cedo ou mais tarde, cada um dos comandantes normandos das tropas mercenárias acabou por se revoltar. Essa cupidez, bem explicável da parte de soldados vindos do Ocidente menos desenvolvido, é utilizada em proveito próprio pelo imperador bizantino por ocasião do ataque normando, dirigido dessa vez contra a própria Grécia, de 1081 a 1085. No momento em que Guiscard é forçado a retornar à Itália para combater uma revolta fomentada por instigação do imperador, a maior parte dos tenentes de seu filho Bohémond, que permanecera na Grécia no comando da tropa, se tornam trânsfugas, isto é, passam para o campo bizantino contrário, atraídos pela promessa de soldos elevados. A partir da metade do século XI, o Império bizantino já havia, portanto, adquirido experiência no recrutamento de mercenários ocidentais.

Para resistir às ameaças exteriores ou interiores – penetração dos turcos seljúcidas na Ásia Menor a partir de 1067, revoltas dos sérvios e dos croatas, incursões das tribos dos petchenegos ou dos cumanos na margem ocidental do Danúbio – o Império Bizantino tinha necessidade de assegurar uma fonte regular de recrutamento dessas tropas de elite. A única forma seria apelar para as potências ocidentais; por volta de 1090, o conde de Flandres, Robert le Frison, retornando de sua peregrinação a Jerusalém pela via terrestre que passava por Constantinopla, prometeu a Aléxis I o envio de quinhentos cavaleiros, que efetivamente colaboraram na luta contra os turcos e depois contra os petchenegos. Além disso, a partir do reino de Miguel VII Dukas (1071-1078) surgiu a ideia, segundo parece, de se solicitar ao papa reinante que incitasse os cavaleiros ocidentais a se engajarem a serviço do Império bizantino. Após uma troca de embaixadas entre o papa e Miguel VII, no ano de 1074, Gregório VII dirigiu a alguns dos "*fiéis* de São Pedro" um apelo para se lançarem em socorro do "Império Cristão", afirmando que os pagãos "devastaram o país quase até Constantinopla e massacraram milhares de cristãos como ovelhas". O pedido de socorro foi escutado, porém, mal interpretado, provocou uma resposta desproporcionada. Gregório VII projetou, efetivamente, uma expedição em socorro dos cristãos do Oriente, cuja chefia seria assumida por ele próprio, confiando a defesa dos interesses da Igreja ao imperador [do Sacro Império Romano-Germânico], mas cujo objetivo ou recompensa seria o controle do túmulo de Cristo. Mas surgiu uma disputa com o Império Bizantino que conduziu ao abandono do projeto e mesmo à inversão da política pontifícia em favor dos normandos, cuja intervenção na Grécia foi aprovada pelo mesmo Gregório VII. As negociações só foram retomadas em 1089, entre o papa Urbano II e o imperador Aléxis I Comneno, cada um dos quais buscava garantir o apoio do outro – o primeiro contra o imperador Henrique IV[8] e o segundo contra os normandos. Nos anos que se seguiram, o papa conseguiu afirmar o seu poder temporal, retornou a Roma e convocou um concílio em Placência (Piacenza, Itália, no ano de 1095), durante o qual uma embaixada bizantina veio requerer a ajuda de guerreiros ocidentais para a defesa da Igreja do Oriente. Durante um sermão, o papa "se comprometeu seriamente a prestar essa ajuda e chegou mesmo a prometer mediante juramento que eles [...] levariam socorro ao imperador bizantino contra os pagãos".

É claro que Bizâncio não apelou para a organização de nenhuma cruzada; a luta contra os árabes e depois contra os turcos se limitava à defesa do império, sem que fosse

---

8. Do Sacro Império Romano-Germânico, basicamente centralizado na Áustria, que aceitava a orientação religiosa, mas recusava a submeter-se ao domínio temporal do papa, o que ocasionava querelas e atritos constantes. (N.T.)

qualquer tipo de guerra santa. Mas essas solicitações de mercenários contribuíram para desenvolver na mente dos papas reformadores a ideia de uma expedição para o Oriente. De fato, as conquistas dos turcos seljúcidas não foram a causa das cruzadas: os cristãos da Síria não estavam solicitando sua "libertação"; os peregrinos ocidentais não estavam sofrendo quaisquer maus-tratos nas mãos dos turcos na Palestina e evitavam as dificuldades da Ásia Menor viajando por mar. A responsabilidade bizantina se encontra, assim, na apresentação dos argumentos que desenvolveu em apoio de suas solicitações de mercenários: ela evocava a solidariedade entre os cristãos e descrevia com um certo grau de exagero retórico as dificuldades reais por que passavam os que permaneciam fiéis ao Cristianismo na Ásia Menor ou mesmo as supostas perseguições que estavam sendo realizadas na Terra Santa, cuja importância para os latinos era bem conhecida pelos gregos. Através do Ocidente mal informado, os temas desenvolvidos pelas embaixadas bizantinas e as notícias difundidas por alguns peregrinos que haviam passado por dificuldades formaram os principais argumentos que provocaram a instauração da Primeira Cruzada.

2. O apelo de Urbano II no concílio de Clermont e a pregação da Primeira Cruzada – Cerca de seis meses após o concílio de Placência, o papa Urbano II, que se encontrava na França desde o verão de 1095, convocou um novo concílio para Clermont, do qual deveriam participar todos os bispos franceses e que se destinava, como o precedente, a tratar essencialmente de problemas de disciplina eclesiástica. Os cânones, adotados entre 18 e 26 de novembro de 1095, se referiam à investidura dos clérigos por leigos, à simonia e à retomada, com maior precisão, dos decretos conciliares anteriores. Dois cânones somente se referiam direta ou indiretamente às cruzadas: o primeiro estendia o âmbito da "Paz de Deus", até então imposto somente em caráter regional, à totalidade dos territórios controlados pela Igreja; o segundo prometia indulgência plena – isto é, a isenção da penitência imposta anteriormente para a concessão do perdão dos pecados e não a remissão pura e simples destes – a todos aqueles que partissem para lutar pela libertação da Igreja de Deus em Jerusalém. No encerramento do concílio, esperava-se que Urbano II fizesse um sermão na presença de uma multidão de eclesiásticos e de leigos reunidos em um campo situado nos arredores da cidade. A repercussão ulterior desse sermão e do apelo que nele foi feito e o sucesso da Primeira Cruzada influenciaram os relatos em graus diversos, mas os principais temas do discurso de Urbano II só podem ser identificados nos relatos mais imediatos – os de Foucher de Chârtres e o do Anônimo da Primeira Cruzada. Depois de ter descrito os sofrimentos por que passavam os cristãos do Oriente, o papa exortou os cristãos do Ocidente a que cessassem suas guerras fratricidas, esquecessem seus ódios e se unissem para combater os pagãos e libertar seus irmãos do Oriente. Sem esconder os desconfortos que encontrariam os peregrinos em sua estrada, o papa apelou para a renúncia e o sacrifício, empregando as palavras do evangelho segundo São Mateus (16:24): "Quem quiser vir após mim, negue-se a si mesmo, tome a sua cruz e siga-me". Perante tal apelo, a multidão entusiasmada, gritando "Deus o quer" (*Deus vult!*), decidiu-se, na mesma hora, de acordo com o bispo de Puy-en-Velay, Adhémar de Monteil, nomeado legado papal e chefe da expedição, a "tomar sua cruz" e fazer o voto de partir para Jerusalém. Como símbolo do voto que haviam feito, os primeiros voluntários mandaram costurar nas costas de suas vestes uma cruz de pano, o que fez com que fossem denominados os *cruce signati*.[9]

A cruz não era somente o símbolo da renúncia, mas também o sinal de que se pertencia a uma nova comunidade de peregrinos armados e dotados de certos privilégios.[10] Urbano II pretendia favorecer assim a partida de cavaleiros que formariam uma expedição organizada e eficiente e se esforçou para limitar os efeitos de um entusiasmo irrefletido: os padres

---

9. "Assinalados pela cruz", em latim no original. (N.T.)
10. Veja adiante, no Capítulo IV. (N.A.)

não podiam partir sem o consentimento de seu superior eclesiástico, nem os fiéis sem se aconselharem primeiro com um clérigo, nem um recém-casado sem o assentimento de sua esposa; todavia, a partir do momento em que fora pronunciado, o voto se tornava irremissível e quem não o cumprisse seria excomungado. A partir de 1º de dezembro, a cruzada já contava com a participação garantida de Raymond de Saint-Gilles, conde de Toulouse e da Provença, provavelmente já informado sobre o projeto antes mesmo de sua proclamação no concílio. Urbano II permaneceu ainda por oito meses na França e pregou a cruzada em Limoges, em Angers, na Aquitânia e no Languedoc. Escreveu cartas aos flamengos, mandou Robert d'Arbrissel pregar ao longo do vale do rio Loire e enviou outros padres para a Normandia, Inglaterra e Gênova. Seu apelo se dirigia principalmente à classe social a que foi inicialmente proclamado – os nobres franceses do sul do Loire – mas no verão de 1096, data fixada para a partida, os contingentes reunidos tinham ultrapassado em muito o âmbito proposto inicialmente: aos provençais se haviam reunido Godofredo de Bulhões, o duque da Baixa-Lotaríngia (Lorena) e seu irmão Balduíno de Boulogne; Hughes de Vermandois, irmão do rei da França, Felipe I, com cavaleiros franceses e da Champanha, além do grupo conduzido por Roberto da Normandia e por Étienne de Blois. Ao escutar as novas sobre a partida de toda essa gente para o Oriente, Bohémond, o filho de Guiscard, decidiu também se tornar cruzado e atravessou o mar Adriático à frente de um pequeno exército.

O sucesso, portanto, aparenta ter ultrapassado de longe as expectativas do papa e parece difícil de explicar. A evolução das condições materiais e do ideal cavalheiresco no decorrer do século XI devem ter servido para aumentar a repercussão do apelo de Urbano II por terem contribuído para criar um certo estado de disponibilidade. A partida para o Oriente, primeiro como mercenários e agora como cruzados, era um dos meios de que dispunham os nobres de se livrar das restrições causadas por sua linhagem, em um tempo no qual o movimento pela paz favorecido pela Igreja e o estreitamento dos laços de vassalagem limitavam as ocasiões de buscar fortuna através de aventuras. Por outro lado, o cavaleiro (em sua condição primordial de *miles* [guerreiro] agora transformado em *miles Christi* [soldado de Cristo]) cumpria assim, a serviço de Cristo e da Igreja, o seu dever de vassalagem. A cruzada realizava então a fusão do espírito feudal com os preceitos cristãos. Nas versões mais tardias do discurso de Clermont, ou nas *excitatoria*, as cartas enviadas a locais mais longínquos, percebem-se os temas que dominavam as consciências dos cavaleiros cristãos: a eleição dos francos[11] e a evocação de Jerusalém e da Terra Prometida "onde mana leite e mel". Os cruzados deixavam o espaço estreito e pobre do Ocidente na certeza de uma recompensa que os tornaria os herdeiros de Cristo (Colossenses, 3:24). A retribuição celeste não excluía, entretanto, as vantagens materiais.

O apelo de Clermont recebeu também uma grande difusão entre as camadas populares. O nome de Pedro, o Eremita, permaneceu ligado a essa pregação das cruzadas entre as multidões; mas ele não é o único destes "profetas" que, por toda parte, chefiavam bandos de peregrinos partindo para Jerusalém sem esperar a data oficial. Ao lado da cruzada "dos Barões", hierarquizada e estruturada, que também incluía numerosos não combatentes, surgiu uma espécie de cruzada "selvagem". O tempo era propício a tal êxodo porque, já havia cerca de dez anos, uma série de calamidades naturais, fomes e epidemias havia atingido as regiões renanas e o norte da França. A efervescência popular, o entusiasmo contagioso dos leigos, que exortavam uns aos outros a ir para Jerusalém, eram acompanhados de sinais e presságios.[12] Muitos dos viandantes, assustados por essas imagens do Apocalipse (9:1-12), partiam sem a menor ideia de retornar, vendiam os poucos bens que tinham mesmo ao preço mais baixo e carregavam suas mulheres e filhos em carros de boi.

---

11. Como os defensores escolhidos da Igreja. (N.T.)
12. Veja adiante, no Capítulo V. (N.A.)

Os bandos partiram do norte da França e da Renânia a partir de abril de 1096, comandados primeiro por Gautier--Sans-Avoir e depois por Pedro, o Eremita, e chegaram alguns meses mais tarde em Constantinopla sem sofrer graves incidentes, especialmente no caso dos primeiros. As violências mais graves foram executadas por grupos germânicos que, logo após a partida, se encarniçaram contra as comunidades judaicas da Renânia querendo converter os judeus à força ou os massacrando, apesar da oposição de certos bispos, particularmente em Speyer, Worms, Mainz e Colônia. De fato, em consequência das depredações que continuaram realizando durante o caminho, a maior parte desses grupos de desordeiros nem sequer chegou a Bizâncio, mas foi aniquilada ou dispersada pelas tropas regulares húngaras. Misturando temas apocalípticos e escatológicos, especialmente o da conversão dos judeus que anunciaria o fim dos tempos, a pregação das cruzadas contribuiu para desencadear, sem que isso necessariamente tivesse sido desejado, um incêndio de antissemitismo oficialmente reprovado pela Igreja. Foi a partir dessa época que a opinião do povo comum europeu começou a considerar os judeus como inimigos de Cristo e blasfemadores da Cruz. As cruzadas marcam o início da degradação da situação jurídica e prática dos judeus do Ocidente, que até essa época eram tolerados e relativamente integrados na população em geral.

Capítulo II

Da primeira à terceira cruzada: a criação e a defesa dos estados latinos na Terra Santa

I. A Primeira Cruzada e Aléxis I Comneno

Formada por contingentes feudais sobrecarregados por não combatentes marchando isoladamente, a cruzada não correspondia em absoluto à vontade do papa, que havia desejado uma expedição unificada, dirigida espiritualmente por seu legado religioso e secularmente por um comandante militar leigo. Ela correspondia ainda menos aos desejos do imperador bizantino, que havia triunfado sobre os invasores petchenegos ao norte, derrotara Tzachas, o emir de Esmirna, e estabelecera por meios diplomáticos um relacionamento pacífico com o sultão dos turcos seljúcidas de Rum, Kilidj--Arslan, que estabelecera sua capital em Niceia. A chegada da cruzada apresentava ao Império graves problemas de abastecimento e de vigilância. Anna Comneno – escrevendo cerca de vinte anos após os acontecimentos, mas relatando, sem a menor dúvida, os pensamentos de seu pai, o imperador Aléxis I – não colocava em questão a sinceridade dos "peregrinos pobres", mas suspeitava que os barões tinham intenções bem menos pacíficas. De fato, como poderiam não sentir receio ao verem reaparecer seu antigo adversário Bohémond, mesmo depois de quinze anos e usando a túnica de um cruzado, já que o haviam conhecido anteriormente como invasor? Todavia, Aléxis I, informado de antemão, havia mandado preparar depósitos de provisões e garantiu aos cruzados que lhes facilitaria a passagem através de seus territórios, sob a condição de que respeitassem seus compromissos de um trânsito pacífico.

Os primeiros incidentes ocorreram por causa da cruzada "popular", muitas vezes incapaz de comprar seus mantimentos e inclinada à pilhagem até mesmo nos arredores de Constantinopla. Segundo relata Anna Comneno, os bandos comandados por Walter Sem Terra e Pedro, o Eremita, exigiram, em agosto de 1096, que lhes dessem transporte para a costa asiática. Tão logo cruzaram os estreitos, começaram a assaltar as aldeias cristãs, iniciaram incursões sobre os territórios pertencentes aos turcos e acabarem sendo, em grande parte, massacrados por eles (outubro de 1096), embora os sobreviventes fossem reconduzidos a Constantinopla por embarcações bizantinas. Justamente nessa época, as primeiras tropas regulares estavam chegando à capital sem encontrar grandes dificuldades, mesmo porque eram pouco numerosas. Os incidentes começaram a surgir com a chegada de tropas mais importantes e ocorreram entre os soldados de Raymond de Toulouse e os mercenários petchenegos que os escoltavam, e entre as tropas de Bohémond e os habitantes da cidade de Castória, que lhes haviam recusado provisões, tendo aumentado principalmente com a difusão entre os últimos contingentes, ainda em marcha pelas estradas, de notícias imprecisas sobre o fracasso das negociações entabuladas em Constantinopla pelos comandantes da vanguarda e também sobre as condições negativas sob as quais os primeiros batalhões estariam sendo recebidos.

O primeiro comandante importante, Hughes de Vermandois, havia prestado juramento a Aléxis, sem lhe apresentar grandes objeções, nos mesmos termos que este esperava obter de todos os chefes da cruzada: devolver ao império todas as terras que lhe pertenciam antes da invasão turca, prestar juramento de vassalagem ao imperador por conta dos feudos formados por todas as outras terras que viessem a conquistar no Oriente e lhe prometer fidelidade. Essa foi a maneira descoberta pelo imperador de utilizar os costumes ocidentais para garantir a futura colaboração dos cruzados; porém, Godofredo de Bulhões, que já era vassalo do imperador germânico, recusou-se a prestar juramento de vassalagem a um segundo suserano. Só depois que o imperador bizantino mandou cortar os víveres anteriormente fornecidos a suas tropas é que ele acedeu. Raymond de Saint-Gilles, pretextando que não poderia servir a outro suserano que não fosse o próprio Cristo, limitou-se a jurar respeitar a vida e a honra do imperador. Bohémond assumiu de boa vontade o compromisso exigido, mas solicitou, em troca, que o imperador o nomeasse "grande doméstico" do Oriente, um posto que lhe daria o comando das forças imperiais na Ásia Menor e, em consequência, o comando de toda a expedição cruzada. Tal demanda revela as verdadeiras intenções do chefe normando, ou seja, de tornar-se um grande mercenário a serviço do imperador, o que significava igualmente que, mais adiante, em caso de necessidade, ele usaria em proveito próprio a força e as riquezas assim adquiridas.

Leais em seus atos, mesmo que seus pensamentos fossem de teor diferente, os outros chefes da Primeira Cruzada, que então estava inteiramente reunida na Ásia Menor, a partir de maio de 1097, se comportaram como se fossem mercenários do imperador. Sitiaram Niceia, o exército mandado em socorro da cidade por Kilidj-Arslan foi vencido e, em 19 de junho, a guarnição turca entregou a cidade aos bizantinos. Já nesse momento, apesar da generosidade de Aléxis para com os cruzados, começaram a correr murmúrios contra o que chamavam de sua astúcia, e a sua benignidade para com os infiéis que se haviam rendido foi taxada de "conluio". Mas os relacionamentos oficiais não foram alterados e a cruzada se pôs em movimento para o leste, acompanhada por um contingente de tropas regulares bizantinas. A 1º de julho, a vitória na batalha de Dorileia sobre o exército de Kilidj-Arslan abriu a estrada para a Anatólia, mas o exército passou a progredir com dificuldade, sofrendo fome e sede, perdendo grande número de cavalos e responsabilizando os guias gregos por todos os seus percalços. Vencedores dos turcos danismendidas e do emir da Capadócia na batalha de Heracleia, os cruzados transpuseram os montes Taurus e chegaram na Cilícia, onde foram acolhidos favoravelmente pelos cristãos armênios que se haviam instalado ali na metade do século XI. Em 20 de outubro, depois de quatro meses

Figura 2 – Os países fundados pelos cruzados (as fronteiras indicadas são as dos feudos no momento de sua maior expansão, na primeira metade do século XII)

de marcha, o exército finalmente fez uma pausa diante das muralhas de Antioquia da Síria.

O cerco de Antioquia, que fora bizantina até 1085, foi uma estratégia crucial no desenvolvimento da Primeira Cruzada: nesse ponto começaram a se manifestar as ambições territoriais dos barões cruzados e se completou a ruptura com Bizâncio. A essa altura, Tancredo, sobrinho de Bohémond, e Balduíno de Boulogne já se haviam apoderado, por sua própria conta e risco, das cidades cilicianas de Tarso e de Mamistra, mas as tinham abandonado depois de uma série de dissensões. Balduíno se dirigiu então com suas tropas à região do Alto Eufrates. Após conquistar as cidades de Ravendel e de Turbessel, ele as entregou como feudo aos companheiros armênios que o haviam guiado; chamado a Edessa pelo nobre armênio Thoros, que desejava retirar o jugo turco de seus ombros, tornou-se seu filho adotivo e herdeiro. Mas logo se livrou do pai adotivo em consequência de uma revolta popular que não o desagradou nem um pouco (março de 1098). O primeiro Estado Cruzado foi fundado desse modo, com o nome de condado de Edessa. Nem por um momento se considerou a possibilidade de devolver a Bizâncio essa cidade que lhe pertencera anteriormente à chegada dos turcos.

As dificuldades sofridas durante o cerco de Antioquia, exploradas em proveito próprio por Bohémond, conduziram a um resultado semelhante. O bloqueio da cidade foi completado em novembro, com o apoio do material e dos barcos de uma frota genovesa. Mas o inverno tornava o aprovisionamento cada vez mais difícil. Apesar de diversas vitórias obtidas sobre os exércitos enviados de Damasco e depois de Alepo em socorro de Antioquia (entre dezembro de 1097 e fevereiro de 1098), o moral dos sitiantes chegou a um nível bastante baixo. As deserções foram numerosas: inicialmente Pedro, o Eremita, foi em frente com seus seguidores, um pouco depois afastou-se o bando comandado por Étienne de Blois, logo a seguir o chefe do contingente bizantino também se afastou, após ter sido facilmente persuadido por Bohémond de que a bem da paz era preferível que tomasse a estrada, porque havia suspeitas de que Aléxis estava conspirando com os turcos em vez de trazer mais tropas em socorro dos cruzados. Explorando o ressentimento já existente contra os bizantinos, Bohémond conseguiu que os demais chefes lhe prometessem a posse da cidade, desde que ele fosse o primeiro a ingressar nela com suas tropas, sob a condição de que o imperador não viesse pessoalmente reclamar sua posse. Tendo obtido a cumplicidade de um dos defensores, ele pôde de fato entrar em Antioquia no dia 3 de junho, sendo seguido por outros regimentos de cruzados; mas logo se transformaram de sitiantes em sitiados, apertados entre os turcos que permaneciam na cidadela central e um grande exército de socorro chefiado por Kerbogha, o emir de Mossul. Foi necessário que os padres tivessem uma série de visões enviadas por Deus, que conduziram à descoberta da mais preciosa das relíquias, a Lança Sagrada, para impedir que o derrotismo tomasse conta de todo o exército; tal milagre levou os principais comandantes a jurar que "jamais abandonariam Antioquia e nem sairiam de suas muralhas, senão por consentimento comum de todos". Contudo, os fugitivos anteriores, persuadidos de que a queda da cidade era iminente, foram reunir-se com Aléxis, que já chegara à altura de Filomélia, comandando um exército que vinha em socorro dos cruzados; seus relatos pessimistas, o desejo de consolidar as recentes conquistas feitas pela cruzada (Esmirna, Éfeso, Sardes e uma parte da antiga Lídia) e o medo de medir forças com Kerbogha, considerado um grande general, levaram Aléxis a desistir. Desse modo, a segunda condição apresentada fora satisfeita, Bohémond conduziu o exército cruzado à vitória sobre as forças de Kerbogha (28 de junho) e se tornou o senhor incontestado de Antioquia. Apenas Raymond de Saint-Gilles, mais por inveja do que por fidelidade, insistiu que os direitos do imperador deveriam ser respeitados. Mas como Aléxis não trouxera a ajuda prometida a seus vassalos, eles se consideraram desligados de seus compromissos para com o suserano e esse foi o sinal para o rompimento definitivo entre a cruzada e Bizâncio.

II. O sucesso dos cruzados perante um inimigo dividido

1. A divisão do Oriente Próximo – Apenas a multiplicidade de divisões políticas do Oriente Próximo muçulmano no final do século XI explica o sucesso inicial da Primeira Cruzada. Dois grandes grupos dividiam o domínio dessas regiões: ao sul, o califado da dinastia fatímida do Cairo se estendia sobre o Egito e uma parte da Palestina, mas todo o restante do Oriente Próximo se achava sob o controle dos turcos seljúcidas. Originários do norte da Transoxiana (Turquestão Ocidental, além do rio Óxus), estes turcos nômades, convertidos ao Islã por volta do final do século X por missionários sunitas, tornaram-se inicialmente mercenários a serviço dos principados iranianos, depois senhores da região de Khorassam e a seguir "libertaram" o califa da dinastia Abássida de Bagdá da tutela dos vizires persas considerados heréticos (porque eram xiitas), no ano de 1055. Tughril Beg, genro do cã Seldjuk, recebeu daquele o título de sultão, que lhe confiava o poder, em nome do Islã e a serviço do califa, e a missão de fazer triunfar a ortodoxia muçulmana sunita. Sob seus sucessores, no final do século XI, o império da dinastia seljúcida se estendeu do Irã à Síria, conquistada em parte dos fatímidas do Egito, e à Ásia Menor, tomada dos bizantinos. As incursões dos turcomanos na Anatólia, a vitória de Alp Arslan sobre o imperador bizantino Romano IV na batalha de Mantzikert (1071) e as guerras civis que então grassavam no Império bizantino permitiram aos turcos avançar até o estreito do Bósforo.

As lutas dinásticas que se seguiram à morte do sultão Malik Shah, em 1092, levaram à divisão do Império seljúcida em uma série de principados rivais, em que o poder pertencia aos *atabegs* (regentes em nome de um príncipe menor de idade). Na Ásia Menor, Kilidj Arslan tornou-se senhor de um sultanato independente, chamado por eles de Rum (corruptela de "romano", o nome que davam a si mesmos os bizantinos), cuja capital, inicialmente Niceia, foi transferida para Icônio (Konya) depois da vitória dos cruzados que resultou na tomada daquela cidade. A leste da Anatólia, uma série de principados turcomanos se opunha aos esforços de unificação do sultanato de Rum. Os turcos danismendidas da Capadócia se coligaram tardiamente ao sultanato para tentar deter o avanço dos cruzados, embora permanecessem seus rivais durante todo o decorrer do século XII.

A Alta Mesopotâmia (chamada pelos turcos de Djarbequir ou Diyar-Bekir) era dominada por outros grupos turcomanos que jamais se haviam submetido ao governador turco de Mossul; os principais dentre eles eram os ortóquidas, que, sabendo contrabalançar em seu favor as outras potências, permaneceram autônomos até o século XV. A Síria, conquistada por Tutush, irmão de Malik Shah, fragmentou-se rapidamente: os filhos de Tutush, Ridvan e Dukak, se assenhorearam um de Alepo e o outro de Damasco; *cádis* locais, em Trípoli, Apameia ou Shaizar, tornaram-se a seguir independentes. Finalmente, a dinastia dos fatímidas do Egito, depois de ter sido expulsa da Síria setentrional e até mesmo da Palestina pelos seljúcidas, aproveitou a cruzada para retomar Jerusalém do chefe turco que se havia apoderado da cidade.

A essas divisões políticas se acresciam as rivalidades religiosas ou étnicas: os turcos sunitas constituíam uma classe militar pouco numerosa, que dominava uma população árabe de caráter bastante heterodoxo (principalmente xiitas ou ismaelitas) e grupos que haviam permanecido cristãos. Na Síria setentrional, em que os cristãos eram pouco numerosos, os armênios exerceram um papel preponderante na instalação dos primeiros cruzados, que eles guiaram, informaram, aprovisionaram e, em certos casos, como em Edessa, até mesmo chamaram em seu socorro. No resto da Síria, as minorias cristãs (ortodoxos, melquitas e sobretudo monofisitas) viviam submetidas ao regime da *dhimma*.[13] Na administração fatímida do Egito, os cristãos coptas (monofisitas) ainda ocupavam numerosos cargos públicos. Os seljúcidas não tinham piorado em nada a sorte dos cristãos da

---

13. Veja adiante, no Capítulo V. (N.A.)

Palestina, os quais não haviam absolutamente apelado para a instauração da cruzada. Desse modo, ela não foi percebida no Oriente Próximo muçulmano sob seu aspecto religioso, mas simplesmente como uma expedição militar semelhante às que haviam invadido a Síria desde o final do século X sob o comando dos imperadores bizantinos Nicéforo Focas e Ioannes Tzimisces. A chegada dos "francos" apenas serviu para introduzir mais um grupo de atores no jogo político complexo das regiões periféricas do Oriente muçulmano.

2. A Primeira Cruzada e suas primeiras conquistas (1099 a 1125) – A partir da tomada de Antioquia surgiram os primeiros problemas do estabelecimento dos cruzados. Já em novembro de 1098, Raymond de Toulouse disputava com Bohémond sua conquista de Antioquia, invocando o respeito devido aos direitos do imperador bizantino. Durante o verão, quando uma epidemia grassou em Antioquia e causou a morte do legado papal, Adhémar de Monteil, os chefes cruzados se espalharam pelas regiões vizinhas e se apoderaram de cidades localizadas mais ao sul, como Lataquiá e Marrate, consolidando assim as posições adquiridas na Cilícia. As discussões contínuas no conselho dos barões com referência à posse de Antioquia e ao comando supremo, na ausência de um legado, irritaram o restante do exército, que destruiu as fortificações de Marrate, conquistada por Raymond de Saint-Gilles, para forçá-lo a ir embora. Em 13 de janeiro de 1099, finalmente o exército tomou o caminho de Jerusalém, acompanhando o vale do rio Orontes, sem ser importunado pelos emires árabes da região. Voltando-se em direção ao mar, os cruzados conquistaram Tortosa e Maracleia, mas Raymond de Toulouse foi obrigado a levantar o cerco de Arca, cidade que ele pretendia tornar o centro de suas futuras possessões, pela pressão de seu próprio exército. Seguindo a costa até Jaffa, os cruzados entraram em Belém em 6 de junho e, no dia seguinte, iniciaram o assédio de Jerusalém. A cidade, cercada de ravinas, salvo pelo norte, era fortificada e esperava socorro do Egito, ao mesmo tempo que os sitiantes, com falta de água e de madeira e até mesmo de armas, não se consideravam numerosos o suficiente para atacar as muralhas da cidade. Uma expedição a Samaria e a chegada de uma frota genovesa em Jaffa forneceram por sorte o material necessário para a construção de máquinas de ataque. Foi realizada uma série de jejuns purificadores e foi feita uma procissão ao redor da cidade que terminou com a ascensão ao monte das Oliveiras, o que contribuiu para devolver à cruzada o seu sentido de peregrinação e ao exército o seu espírito de ofensiva. Após um assalto difícil, que durou dois dias, a cidade foi tomada em 15 de julho.

> Após entrarem na cidade, os peregrinos perseguiram e exterminaram os sarracenos até o Templo de Salomão [...] onde ocorreu um tal massacre que os nossos tinham de chapinhar em uma lagoa de sangue que lhes chegava até os tornozelos. [...] Logo os cruzados se espalharam por toda a cidade, pilhando ouro e prata, cavalos e mulas e saqueando todas as casas, que estavam cheias de riquezas. Depois disso, felizes e chorando de alegria, os nossos foram adorar no Santo Sepulcro de Nosso Salvador Jesus Cristo e tiveram quitada a sua dívida para com Ele.[14]

Depois de três anos de privações, o desencadeamento dos piores instintos, lado a lado com a exaltação religiosa, conduziu a esse massacre. Acompanhada de mais violência do que as perseguições de Al-Hakim, a tomada de Jerusalém se revelou para o Islã o sinal mais claro da intolerância cristã.

Para os cruzados, a captura da cidade marcou a um só tempo a realização do objetivo de sua peregrinação e a sua transformação na guarda do túmulo de Cristo. Na verdade, satisfeitos por terem atingido seu alvo, realizado suas devoções na Cidade Santa e se purificado com a água do Jordão, um certo número dos peregrinos, acreditando sinceramente ter cumprido seus votos, partiu de volta para o Ocidente nos meses seguintes e difundiu pelas terras europeias a notícia

---

14. *História anônima da Primeira Cruzada.* (N.A.)

do triunfo da cristandade. Eleito príncipe pelos eclesiásticos e pelos chefes militares da cruzada, seus pares, que lhe deram preferência sobre Raymond de Toulouse porque sua personalidade era mais fraca, Godefroi de Bouillon assumiu o título de procurador [judicial] do Santo Sepulcro, reservando assim os direitos preponderantes da Igreja sobre o estado recém-fundado. A ajuda dos outros príncipes também lhe permitiu surpreender o exército egípcio em Ascalon (julho de 1099) e assegurar com a vitória a sobrevivência de sua jovem nação. Mas em setembro ele descobriu que se achava sozinho, com apenas trezentos cavaleiros e cerca de dois mil infantes de suas próprias tropas para defender todas as conquistas recentes (Jerusalém, Jaffa, Lidda, Ramalá, Belém e Hebron), às quais logo acrescentou a conquista da Galileia. Os "estabelecimentos" cruzados não eram nesse momento, portanto, mais que um grupo de cidades perigosamente isoladas – cerca de setecentos quilômetros separavam Jerusalém de Antioquia ou de Edessa –, além de disporem de pouco acesso ao mar, a sua única linha de comunicação com o Ocidente.

Mas a cruzada continuava a ser pregada de cidade em cidade através do Ocidente, e o anúncio da queda de Jerusalém contribuiu para incitar a partida de novas multidões, enquanto o papa Pascoal II pronunciava a excomunhão contra aqueles que, segundo seu ponto de vista não haviam cumprido seus votos, reenviando para Jerusalém os desertores, entre eles Étienne de Blois e Hughes de Vermandois. Formaram-se muitos exércitos regionais, frequentemente compostos por mais de mil homens. Os lombardos, sob o comando do arcebispo de Milão, chegaram a Constantinopla na primavera de 1101 e, em lugar de esperarem a chegada de outros grupos, recusaram os conselhos de Raymond de Saint-Gilles, que fora nomeado seu guia pelo imperador Aléxis, dirigindo-se para a Anatólia setentrional na esperança de libertar Bohémond, que a essa altura fora derrotado, capturado e aprisionado pelos turcos danismendidas. A leste do rio Hális, cercados em território hostil pelas forças conjugadas dos turcos e do exército de Ridvan de Alepo, eles foram quase inteiramente massacrados. Ao mesmo tempo, os exércitos conduzidos por Guillaume II de Nevers, Guillaume IX da Aquitânia e Welf IV da Baviera foram sucessivamente destruídos perto de Heracleia. Devido à sua falta de união, os "cruzados da retaguarda", de fato compostos por exércitos tão numerosos quanto os da Primeira Cruzada, fracassaram na Anatólia diante da unidade provisória dos turcos, reunidos temporariamente para rechaçar o inimigo comum.

Isso deixou bastante claro que os socorros somente podiam chegar à Terra Santa por via marítima, sendo encaminhados ou fornecidos pelas cidades italianas. As frotas genovesas já haviam ajudado muito, tanto na tomada de Antioquia como na de Jerusalém. No ano de 1100, o arcebispo Daimberto de Pisa, conduzindo uma esquadra de 120 navios, contribuiu para a fortificação de Jaffa. Mas as forças de que dispunha foram utilizadas principalmente para satisfazer suas próprias ambições: ele conseguiu desse modo ser nomeado patriarca de Jerusalém, obteve o reconhecimento de sua suserania sobre o principado de Antioquia e o reino de Jerusalém e até mesmo alcançou a doação de um quarto da Cidade Santa, depois de uma parte e, finalmente, da totalidade da cidade e do porto de Jaffa. Talvez tenha sido para contrabalançar sua influência que Godefroi prometeu aos venezianos, cuja frota acabara de chegar e tomara Caifás (Haifa), um terço de todas as cidades que o ajudassem a conquistar, além de privilégios importantes. Com a morte de Godefroi nesse mesmo ano, as conquistas previstas foram realizadas por seu irmão Balduíno I (1100-1118), chamado à sucessão em virtude dos costumes dinásticos das terras de que provinha. Ele abandonou seu condado de Edessa, confiando sua defesa a seu primo Balduíno de Bourg e exigiu sua coroação como rei de Jerusalém, o que foi realizado em Belém pelo patriarca no Natal do ano de 1100. Em 1101, ele capturou Arsufe e Cesareia; em 1104, tomou São João de Acre com a ajuda dos genoveses; em 1105, derrotou em Ramalá uma nova ofensiva fatímida apoiada pelo *atabeg* de Damasco; apoderou-se de Beirute em 1109 e conquistou Sidon em 1110, com o apoio das frotas trazidas por Sigurd, o rei da Noruega.

Também foi necessário o apoio das frotas genovesas para conquistar as principais cidades do futuro condado de Trípoli, a ser fundado por Raymond de Toulouse, que retornara de Constantinopla e logo conseguiu tomar Tortosa (1102), onde construiu, com a ajuda dos bizantinos, a fortaleza do monte dos Peregrinos, uma fortificação destinada a bloquear o acesso a Trípoli pelo lado da terra (1103). Conquistou, ainda, Djibelete nesse mesmo ano, com a ajuda do genovês Ugo de Embriacci. Em 1109, Trípoli foi tomada depois de um longo cerco, com a ajuda de uma nova frota mista, genovesa e provençal, comandada por Bertrand, filho de Raymond, e auxiliada em terra pelas forças de outros príncipes cruzados.

Na verdade, o problema da sucessão após a morte de Raymond de Toulouse havia reunido sob os muros de Trípoli todos os barões em um conselho presidido por Balduíno I. A paz foi restabelecida e a cidade tomada somente depois que um compromisso foi alcançado (a partilha do condado entre os dois pretendentes, Guillaume Jourdain, vassalo do conde de Antioquia, e Bertrand, vassalo do rei de Jerusalém). Pouco depois, o assassinato de Guillaume Jourdain permitiu a unificação do condado de Trípoli sob a égide de Bertrand, para proveito indireto do rei de Jerusalém, que se tornou seu suserano. *Balduíno I, árbitro entre os demais príncipes cruzados*, havia adquirido uma autoridade moral que ele empregaria, sempre que houvesse necessidade, em defesa de toda a Síria franca e igualmente na defesa dos demais estados cruzados.

Os condados de Antioquia e de Edessa passaram realmente por uma evolução interior e exterior bem mais perturbada que a do reino de Jerusalém. Tão logo foi libertado, Bohémond de Antioquia, aliado a Balduíno de Edessa, que fora ameaçado pelo *atabeg* de Mossul e pelo emir de Mardim, foi novamente derrotado perto de Harran (1104). Balduíno foi feito prisioneiro. Ridvan de Alepo retomou Artá e outras praças que dominavam o desfiladeiro que conduzia à planície de Antioquia, ao mesmo tempo que os bizantinos ocupavam as cidades da Cilícia. Deixando a regência de seu condado nas mãos de Tancredo, Bohémond partiu para o

Ocidente a fim de originar uma nova cruzada, desta vez dirigida contra os bizantinos "traidores" da causa cristã. A expedição que ele empreendeu contra a Grécia fracassou diante de Dirraquion e, segundo os termos do tratado que Bohémod foi forçado a assinar com Aléxis I, ele prometeu lhe prestar homenagem em função de Antioquia e comprometeu-se como vassalo contra seus inimigos (1108). Mas Tancredo se recusou a reconhecer o tratado e, na ausência de Bohémond, retomou tanto dos bizantinos como dos governantes de Alepo quase todos os territórios perdidos.

A vitória turca em Harran, no ano de 1105, foi a primeira das *contraofensivas* lançadas contra os francos pelo novo sultão, senhor do Irã ocidental e de toda a Mesopotâmia, que enviou novamente Madude, o *atabeg* de Mossul, contra Edessa (1110). A cidade só foi salva pelas tropas francas trazidas por Balduíno I, mas tornou-se necessário evacuar as populações do leste do Eufrates que dela dependiam, o que não impediu que boa parte delas fossem massacradas durante a fuga. Em 1113, uma nova campanha de Madude, dirigida então contra o reino de Jerusalém, fracassou graças ao socorro trazido a Balduíno por Tancredo de Antioquia e Bertrand de Trípoli. O que ocorria era que os príncipes sírios muçulmanos temiam que a guerra contra os francos não passasse de um pretexto do sultão para dominar a todos: por ocasião de sua quarta campanha, Madude foi assassinado em Damasco por instigação do *atabeg* Toghtekin; em 1115, o novo *atabeg* de Mossul, ao comando de um exército iraquiano, se lançou contra a coalizão dos francos e dos Sírios. Em uma emboscada em Tell Danith, seu exército foi destruído por Rogério de Antioquia. Il-Ghazi, príncipe da dinastia ortóquida, retomou a ofensiva em 1119, por sua própria conta e risco, conquistando Alepo, que ainda era muçulmana, e derrotando o exército de Antioquia perto de Artá. Rogério morreu em combate e o número de cristãos mortos foi tão grande que o lugar da batalha passou a ser conhecido pelo nome de *ager sanguinis*.[15] Balduíno II (1118-1131) ou Balduíno de

---

15. "Campo de sangue", em latim no original. (N.T.)

Bourg, que sucedera a Balduíno I em Jerusalém depois de tê-lo substituído em Edessa, assumiu a regência e acorreu em defesa de Antioquia, alcançando sucesso depois de várias campanhas. Entretanto, na ocasião em que marchava em socorro de Edessa, cujo conde Jocelin tinha sido capturado, ele próprio foi feito prisioneiro pelos turcos ortóquidas, já no ano de 1123.

Apesar da ausência de seus príncipes prisioneiros, os *Estados cruzados* se mantiveram. O segundo decênio do século XII marcou mesmo *o ponto culminante de sua expansão*. Ao norte, o condado de Edessa teve de abandonar aos turcos algumas de suas praças mais avançadas (Gárgara, por exemplo, em 1118), mas por meio de Samosata e de Marache ao norte e graças às duas fortalezas de Ravendel e de Turbessel ao sul protegeu a fronteira setentrional do condado de Antioquia. Este se estendia agora desde a Cilícia (que fora reconquistada dos bizantinos em 1108) ao norte até Djabala e Marcabe ao sul. No interior, ele já possuía os territórios do Ultra-Orontes em que as fortalezas de Alataribe (Aintabe), Cafartabe e Marrate, que podiam ameaçar a Alepo muçulmana, eram frequentemente disputadas. Os principados do norte constituíram assim uma barreira que impediu as comunicações diretas entre os turcos da Anatólia e os da Mesopotâmia até o século XIII.

O condado de Trípoli ocupava a costa libanesa de Tortosa a Djibelete e toda a região montanhosa do interior. Essa posição estratégica permitiu-lhe exigir dos damascenos, a partir de 1109, a partilha das receitas da rica planície que formava o vale do rio Bêcaa (situado entre os montes do Líbano e os do Anti-Líbano). O último dos estados latinos a ser criado assegurava as comunicações entre o norte e o reino de Jerusalém. Este último abrangia então toda a Galileia e o planalto da Judeia até a depressão do rio Jordão. Ao sul, Balduíno I tivera sucesso em conquistar uma cabeça de ponte do outro lado do rio; os beduínos do deserto se dispuseram a lhe pagar tributos; ele construiu as fortalezas do Vale de Moisés e do monte Real e, em 1116, ocupou o porto de Ailá no mar

Vermelho. Cortando, desse modo, as comunicações entre a Síria e o Egito, o rei de Jerusalém assegurou a posse de uma posição estratégica importante e os recursos consideráveis que eram obtidos através dos impostos cobrados das caravanas de comércio. A tomada de Tiro (1125) completou o domínio do litoral da Palestina. Apenas Ascalon permaneceu nas mãos dos egípcios, a única ameaça à sua fronteira sul. A instalação dos cruzados ao longo da costa mediterrânea e de uma parte das terras circunjacentes, depois de ter privado as cidades muçulmanas do interior da Síria de seus acessos ao mar e dos recursos que lhes eram proporcionados por essas regiões mais ricas, começou a ameaçar tais cidades. Alepo e Damasco se tornaram as chaves de uma política complexa que ocupou o segundo quarto do século XII.

III. O Islã retoma a iniciativa (1125-1188)

1. Os *atabegs* de Mossul e a guerra santa contra os francos (1125-1145) – No próprio momento em que os francos tentaram, em diversas ocasiões, apoderar-se de Alepo ou de Damasco, com a cumplicidade de certos elementos locais (em Damasco, principalmente da seita dos Assassinos), sua própria expansão e em parte a violência que perpetraram deram origem a um movimento de protesto e a uma reorganização militar e política que deslocou o centro de gravidade do Oriente muçulmano em direção ao oeste. A atitude ambígua e as constantes trocas de aliança dos príncipes da Síria, que buscavam, acima de tudo, a preservação de seus domínios, acabaram por provocar a hostilidade das populações muçulmanas (sunitas) que denunciavam a cumplicidade dos heterodoxos (xiitas moderados, a seita dos Assassinos ismaelitas e os fatímidas do Egito) com os francos e culpavam a indiferença de seus soberanos pelas vitórias daqueles. Os *atabegs* do Mossul, tanto por convicção como por interesse, conseguiram, aproveitando-se desse sentimento de revolta, realizar a unificação parcial da região de Djazirá e da Síria contra os francos. Já em 1125, Alepo, que se achava sob cerco dos francos, apelou para Mossul, mas o *atabeg* Bursuki, que havia unificado ambas as cidades sob sua autoridade, foi morto pelos Assassinos. A união foi restabelecida em 1128 por seu sucessor Zengi que, a partir de 1130, começou a apelar para que Damasco "participasse a guerra santa" juntamente com ele, apoderando-se de Hamá e, em 1135, das praças-fortes do Ultra-Orontes, que representavam uma ameaça constante para Alepo. Em 1137, chegou a obter do novo rei de Jerusalém, Foulque d'Anjou (1131-1143), cercado na fortaleza de Mont-Ferrand, a rendição desta praça, juntamente com a de Rafaneia. A campanha comum contra Alepo e Shaizar de João II Comneno e dos francos do condado de Antioquia, que haviam reconhecido a suserania do imperador, fracassou por falta de uma verdadeira colaboração entre os aliados (1138), e Zengi novamente reocupou as praças-fortes da região do Ultra-Orontes. Em 1139, Zengi cercou Damasco que, mesmo sendo muçulmana, apelou para os francos. Foi firmado um tratado, e a fortaleza de Pânias foi entregue aos francos em troca de seu apoio. A aliança com Damasco garantiu, durante algum tempo, a tranquilidade do reino de Jerusalém. Zengi, expulso da Síria, dedicou-se a lutar contra os turcomanos ortóquidas e contra os curdos que se haviam apossado de regiões de seu próprio sultanato próximas a Mossul. Quase por acaso, durante uma campanha contra um líder ortóquida aliado aos francos, ele conquistou Edessa, que havia sido deixada desprotegida (1145) porque a maioria dos seus defensores havia partido para uma batalha em outra frente. Foi essa conquista que estabeleceu sua reputação de *mudjahid*, "defensor da fé" no mundo islâmico, no qual o acontecimento teve uma repercussão tão grande quanto no Ocidente.

2. A derrota da Segunda Cruzada (1148) – Bispos armênios e outros vindos de Antioquia obtiveram bons resultados em sua viagem através do Ocidente com a notícia da queda de Edessa e seus pedidos de socorro: se essa tomada não foi a causa direta da partida da Segunda Cruzada, foi pelo menos um dos principais argumentos de sua pregação. A principal iniciativa foi a atitude do rei da França, Luís VII, que tinha desejo de partir em peregrinação a Jerusalém como expiação por violências que recentemente cometera; ele obteve do papa a nova promulgação de uma segunda bula de cruzada que até então não alcançara efeito (1º de março de 1146). A pregação da nova peregrinação armada foi confiada principalmente a São Bernardo de Clairvaux que, em 31 de março, após um sermão em Vézelay, incitou numerosos nobres franceses a tomarem a cruz, chegando mesmo a convencer o imperador Conrado III da Áustria a assumir o comando de uma expedição (Speyer, 27 de dezembro). Na Alemanha, a pregação popular de Raul, um antigo monge da abadia de Clairvaux, provocou as mesmas violências contra os judeus que haviam sido cometidas no início da Primeira Cruzada, mas mesmo assim causou a partida de uma expedição, novamente sobrecarregada por uma multidão de não combatentes.

A indisciplina do elemento popular, sobretudo nessa cruzada alemã, provocou uma série de incidentes durante a passagem do exército através dos Bálcãs; porém, as maiores dificuldades com Bizâncio foram de ordem política. O imperador Manuel I não se preocupava muito com a passagem desordenada destes exércitos mal-organizados e mal-aprovisionados através do Império Bizantino; o que ele temia, principalmente, é que eles reforçassem o principado de Antioquia, sobre o qual ele pretendia, como fizera seu pai, João II, restabelecer sua suserania; além disso, suspeitava que eles pudessem enfraquecer a aliança germano-bizantina contra Rogério II, o rei normando da Sicília. De fato, enquanto Conrado III e Luís VII se recusavam, cada um por sua vez, a prestar a homenagem que o imperador bizantino lhes exigira, no outono de 1147, Rogério II, o rei normando da Sicília, se aproveitou das circunstâncias que retinham o exército bizantino na vigilância dos cruzados para se apoderar das ilhas de Corfu e de Cefalônia, além de saquear Corinto e Tebas. A Segunda Cruzada, por outro lado, demonstrou seu apoio ao ataque normando, o que obrigou

Manuel a concluir um tratado com o sultão de Rum. Sem o apoio bizantino, a travessia da Ásia Menor se tornou muito difícil; por outro lado, franceses e alemães não se entendiam bem e marchavam separadamente. O exército de Conrado foi batido em Dorileia e o imperador [do Sacro Império Romano-Germânico] reconciliou-se com Manuel, o imperador bizantino, conseguindo chegar até São João d'Acre a bordo de embarcações bizantinas. Luís VII seguiu avançando ao longo do litoral, porém, assediado no vale do rio Meandro, acabou por se decidir a abandonar os não combatentes em Adália, onde eles foram massacrados pelos turcos, enquanto o rei embarcava para Antioquia com seus cavaleiros. Os maus relacionamentos entre os cruzados e Bizâncio e entre os próprios cruzados já haviam reduzido os efetivos da Segunda Cruzada de mais ou menos três quartos.

Por outro lado, o desentendimento entre os cruzados e os francos do Oriente levou a Segunda Cruzada à derrota. Luís VII se recusou a participar da expedição contra Alepo que lhe fora proposta pelo príncipe de Antioquia, na época Raymond de Poitiers, e foi, em vez disso, reunir-se a Conrado III em Jerusalém. O objetivo da peregrinação o fez desprezar as necessidades de defesa do Oriente latino, cuja situação era totalmente desconhecida pelos novos cruzados. Cumprido seu voto, alguns dos cruzados retornaram à Europa, enquanto os dois soberanos, recusando projetos mais moderados, se deixaram seduzir pelos barões mais belicosos de Jerusalém a empreender uma expedição nefasta contra Damasco, justamente com quem eles deveriam ter estabelecido alguma espécie de entendimento contra Nur ad-Din, o filho de Zengi. A aproximação das tropas de Nur ad-Din fez com que abandonassem o cerco que, de fato, vinha sendo mal conduzido desde o início e que não obtivera qualquer sucesso até então. A Segunda Cruzada, em meio a suspeitas e ignorância recíprocas, foi simplesmente uma peregrinação principesca que, apesar de todos os recursos militares de que dispunha, terminou sem obter o mínimo resultado.

3. Ofensivas e contraofensivas: A luta contra Nur ad-Din (1148-1175)

– Os *atabegs* de Mossul já tinham transformado em questão de honra a temática do *jihad* (guerra santa) contra os francos, embora de fato buscassem utilizar a necessidade dessa luta como pretexto para estender sua influência sobre a Síria. Com a morte de Zengi, seu filho Nur ad-Din, herdeiro de Alepo e de Homs (Emesa), retomou a política de seu pai, assegurando a posse definitiva de Edessa – temporariamente retomada por Jocelin II (1146) – e, a seguir, do condado inteiro (1151). Vencendo Raymond de Poitiers, em 1149, ele tomou ao principado de Antioquia as últimas praças de guerra localizadas na região de Ultra-Orontes (Apameia, Albara e Artá). Encorajado por essa vitória, ele se apresentou a partir de então como o único *mudjahid*, defensor e campeão do Islã contra seus inimigos externos e internos; como defensor da ortodoxia sunita, ele tomou medidas contra os xiitas de Alepo, fundou escolas para o ensino do Corão (*madrasas*) e favoreceu a fundação de comunidades de *sufis*, enquanto pregadores e poetas muçulmanos denunciavam o conluio dos heterodoxos com os francos. Damasco, visada nesse sentido, foi tomada por ele em 1154; Baalbek, em 1155; e Shaizar, em 1157. A campanha do rei de Jerusalém, Balduíno III, com o auxílio do novo cruzado Thierry de Flandres obteve como único resultado a retomada de Harim, em 1158. Toda a Síria meridional passou então a pertencer a Nur ad-Din.

Todavia, a Síria setentrional encontrou durante algum tempo um *equilíbrio precário por influência bizantina*. Chegando à Cilícia em 1158, Manuel I obtève a submissão de Thoros, o príncipe armênio. Em Antioquia, Renaud de Châtillon foi forçado a apresentar "desculpas de honra" por sua expedição pirata contra Chipre (1153) e a reconhecer a suserania bizantina, ao mesmo tempo que Balduíno III negociou uma aliança, cujas tratativas haviam começado um ano antes, por meio de seu casamento com uma sobrinha de Manuel. Mas a má vontade mútua dos aliados fez abortar a expedição planejada contra Alepo; Manuel assinou um tratado de paz com Nur ad-Din, cuja ameaça mantinha os francos na dependência do auxílio dos bizantinos e ainda continha os seljúcidas.

Durante o reinado de Amaury I (1163-1174), Jerusalém permaneceu aliada a Bizâncio e buscou estabelecer uma cabeça de ponte no Egito, a fim de impedir sua união com a Síria. Os diferentes vizires, que exerciam o poder real em nome dos califas fatímidas, ora apelavam para os Sírios, ora para os francos, tentando manter seu regime por meio de um jogo de equilíbrio. Desse modo, em 1164 uma expedição franca comandada por Amaury assediou Shirku, o comandante curdo de Nur ad-Din, e o sobrinho deste, Salah-ad-Din (Saladino), que haviam invadido o Egito e atacavam Bilbeis (Felbs).[16] Ao mesmo tempo, Nur ad-Din aprisionou os condes de Antioquia e de Trípoli e tomou Harim e Pânias, o que forçou Amaury a se retirar do Egito, tendo obtido somente a retirada provisória de Shirku para a Síria. Porém, em 1167, Shirku retornou ao Egito; Amaury, chamado pelos egípcios, outra vez cercou Saladino em Alexandria e o obrigou a evacuar o Egito com suas tropas; o país tornou-se temporariamente tributário dos francos. No ano seguinte, uma nova tentativa de Amaury, que pretendia aumentar o seu controle sobre o Egito, provocou, bem ao contrário, uma intervenção decisiva de Saladino. Uma expedição franco-bizantina malcoordenada não conseguiu sequer tomar-lhe Damieta. Saladino se tornou vizir do último dos califas fatímidas e, após a morte deste, tornou-se governador de todo o Egito, em nome de Nur ad-Din, restabelecendo entre os muçulmanos egípcios a ortodoxia sunita (1169).

4. Saladino e o fim do primeiro reino de Jerusalém (1175-1188) – No apogeu de seu poder, tendo realizado, pelo menos formalmente, a união do Egito e da Síria e retomado

---

16. Embora pouco conhecida, Bilbeis permanece até hoje com o nome árabe de Bilbes e copta de Felbs, sendo um baluarte desse ramo do cristianismo; a cidade é de pequenas dimensões, mas densamente povoada, com trezentos mil habitantes. (N.T.)

Mossul, Nur ad-Din faleceu, deixando um único filho de menoridade, cuja guarda foi intensamente disputada. Por isso, os pretendentes a tutores se aliaram com os francos ou contra eles, consoante as necessidades do momento. Apresentando-se como o herdeiro moral de Nur ad-Din, Saladino capturou sucessivamente Damasco, Homs e Hamá, forçando o califa de Bagdá a investi-lo como governador do Egito e da Síria (1175). Em nome da *jihad*, ele denunciou a coalizão dos zengidas com os francos, que fora a causa real que o impedira de conquistar Alepo em 1176. Com o apoio da frota egípcia, ele passou a ameaçar a costa da Síria e a praticar incursões no sul do reino de Jerusalém. Em 1180 uma trégua foi assinada, mas os pedidos de socorro dirigidos pelo rei ao Terceiro Concílio de Latrão permaneceram ignorados.

Ao mesmo tempo, a grave doença de que sofria Balduíno IV, então rei de Jerusalém, e o problema de sua sucessão[17] dividiram a classe dirigente em dois partidos: o partido da corte, favorável à rainha-mãe Agnès, à princesa Sibylle e a seu marido, o cavaleiro poitevino[18] Guy de Lusignan; e o partido dos barões, que preferiam conferir o cargo de bailio [regente ou primeiro-ministro] ao conde de Trípoli, então Raymond III, um homem de maior experiência. Enquanto isso, Saladino se aproveitou da trégua com os francos, renovada em 1185, para assumir o controle das cidades muçulmanas de Alepo (1183) e de Mossul (1186); segundo ele afirmava, precisava do apoio da Síria, porque não poderia prosseguir a guerra santa apenas com as forças egípcias.

"A pequena Djazirá" – a Alta Mesopotâmia[19] – "é o centro da resistência" – escreveu ele ao califa de Bagdá na ocasião. "Portanto, assim que ela ocupar o seu lugar na rede de alianças, toda a potência militar do Islã poderá ser reunida na luta contra as forças dos infiéis."

Toda a sua política foi baseada neste único objetivo: ele nomeou como *atabegs* e governadores os membros de

---

17. Veja o quadro genealógico mais adiante, na p. 73. (N.A.)
18. Originário do Poitou francês. Leia-se "poatevino". (N.T.)
19. Hoje o noroeste do Iraque. (N.T.)

sua própria família, a fim de garantir o leal fornecimento dos contingentes de combate de que iria necessitar para dar prosseguimento à sua *jihad*. Desse modo, conseguiu colocar à sua disposição um exército numeroso que reunia contingentes sírios, curdos e turcomanos aos mamelucos do Egito, apoiados por uma frota reconstruída – em grande parte graças a materiais trazidos pelos italianos, com os quais havia concluído tratados (com Pisa desde 1173). Alcançou pleno sucesso no isolamento dos francos de Jerusalém ao concluir uma aliança com o sultão seljúcida em 1179, com Bizâncio após a morte de Manuel I, em 1181, e com Isaac Comneno, o rei de Chipre. Bizâncio, que fora vencida pelos seljúcidas na batalha de Miriocefalônia (1176), atacada pelos Sérvios, pelos Húngaros e principalmente pelos normandos da Sicília em 1185, não podia e nem queria mais socorrer os seus aliados latinos. O recuo da potência militar Bizantina na Ásia Menor deixou os estados cruzados sem proteção ao norte, ao mesmo tempo em que eles sofriam constantes incursões terrestres e marítimas egípcias ao sul. A insegurança aumentou no país, que já perdera diversas praças de guerra importantes nas fronteiras (a do vau de Jacó foi perdida em 1179). Os pedidos de socorro dirigidos ao Ocidente acabaram por trazer à Terra Santa, nesse mesmo ano de 1179, um grupo de cavaleiros comandados por Philippe de Flandre, um cruzado ineficiente que, em vez de lutar, desejava principalmente apresentar-se como árbitro das disputas constantes dos francos em torno da conquista do poder; o patriarca de Jerusalém e o grão-mestre da Ordem dos hospitalários tampouco recebiam qualquer auxílio da Europa, com exceção dos subsídios financeiros enviados pelo rei da Inglaterra.

Privado de apoio exterior, ainda assim o reino de Jerusalém teria sido capaz de se defender por meio de suas próprias forças, comparáveis em coragem e mesmo em número com as tropas de Saladino. Todavia, suas tropas formavam um conjunto desconexo, mal-controlado e indisciplinado, em que muitos dos soldados detentores de um *iqtá* (posse territorial concedida em troca do serviço militar) não sentiam a menor atração por campanhas muito prolongadas. Foram essas dissensões interiores que mais favoreceram a ofensiva de Saladino. "Estes ódios e estes descasos levaram à perda do reino de Jerusalém", escreveu o cronista continuador do relato de Guillaume de Tiro. Balduíno IV havia confiado ao conde Raymond III de Trípoli a regência, em nome de seu sobrinho Balduíno V (1185-1186), mas, por morte deste, Sibylle e Guy de Lusignan conseguiram ser coroados com o apoio do grão-mestre da Ordem do Templo. Despeitado, Raymond III solicitou o apoio de Saladino. Uma guerra civil estava a ponto de estourar, mas foi acertada uma trégua de quatro anos com Saladino em 1185 que ainda protegeu o reino por algum tempo. O belicoso Renaud de Châtillon, contudo, forneceu a Saladino um *casus belli*[20]; já em 1182 ele fora até a Arábia, onde atacara uma caravana que se dirigia a Meca e, em 1183, enviara uma esquadra para pilhar as costas do Hedjaz [ao norte do Mar Vermelho]; de modo semelhante, em 1187 ele destroçou uma caravana que se dirigia a Damasco e se recusou a devolver o produto da pilhagem, apesar de uma ordem direta do rei. A trégua foi rompida; e a guerra santa, proclamada novamente.

No reino de Jerusalém, foi proclamada a *arrière-ban*, convocação de toda a nobreza para a guerra, que reuniu assim aqueles que deviam um serviço feudal regular, além de todos os homens em idade de combater (1.200 cavaleiros, quatro mil "sargentos" e muitos milhares de soldados irregulares de infantaria). O conde Raymond III aceitou render homenagem a Guy de Lusignan e a Sibylle, mas essa reconciliação de última hora não apagou os ódios anteriores e suas consequências; por instigação do grão-mestre dos templários, Guy se recusou a adotar a estratégia prudente recomendada por Raymond III e, com a intenção de defender Tiberíades, que estava sob cerco, lançou o exército através do planalto da Galileia. Cercadas em Hattim e esmagadas pelo calor reinante, as tropas francas sofreram uma das derrotas mais graves

---

20. "Pretexto para a guerra", em latim no original. (N.T.)

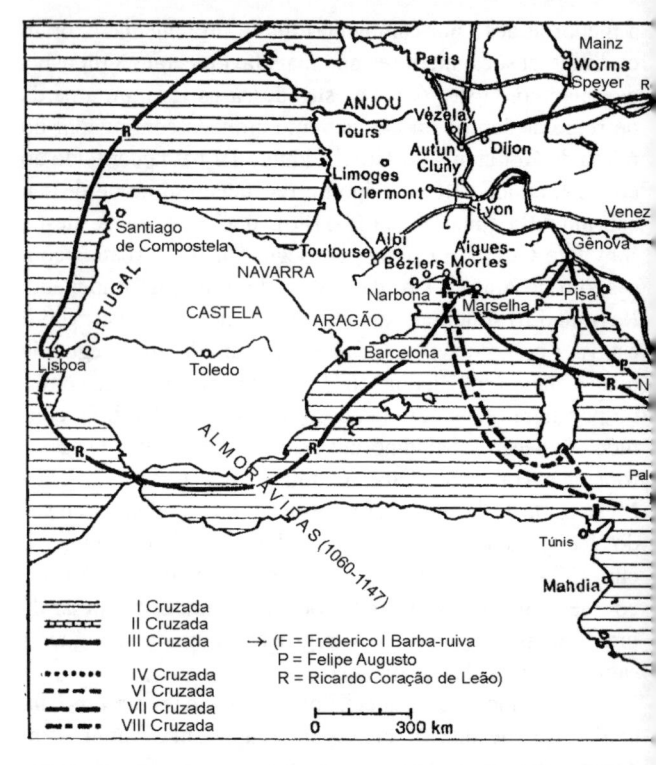

Figura 3 – As rotas tomadas pelos cruzados (séculos XII e XIII)

de sua história; o rei e quase todos os cavaleiros foram capturados e só libertados mediante pagamento de resgate ou cessão de seus castelos; Renaud de Châtillon e duzentos templários e hospitalários foram mortos; os sargentos e infantes, massacrados ou vendidos como escravos. As praças-fortes interiores, desguarnecidas de tropas, renderam-se uma após outra a Saladino ou a seus lugares-tenentes, embora as fortalezas das fronteiras, melhor defendidas e aprovisionadas, Castelnovo, Safete, Beauvoir, o Krak de Moabe e o Krak de Monte Real, resistissem por mais tempo – algumas até 1189. Demonstrando uma generosidade que alguns consideraram excessiva, Saladino autorizou que os defensores sobreviventes e os habitantes civis se refugiassem em Tiro para retornar ao Ocidente. Em Jerusalém, depois de ter resistido a um assédio de seis dias, Balian d'Ibelin negociou uma rendição honrada e o resgate de um terço da população em troca de trinta mil besantes (2 de outubro de 1187). Com a permissão dada aos latinos para que a evacuassem, Jerusalém não passou por quaisquer violências que pudessem ser comparadas com as cometidas pelos cristãos em 1099.

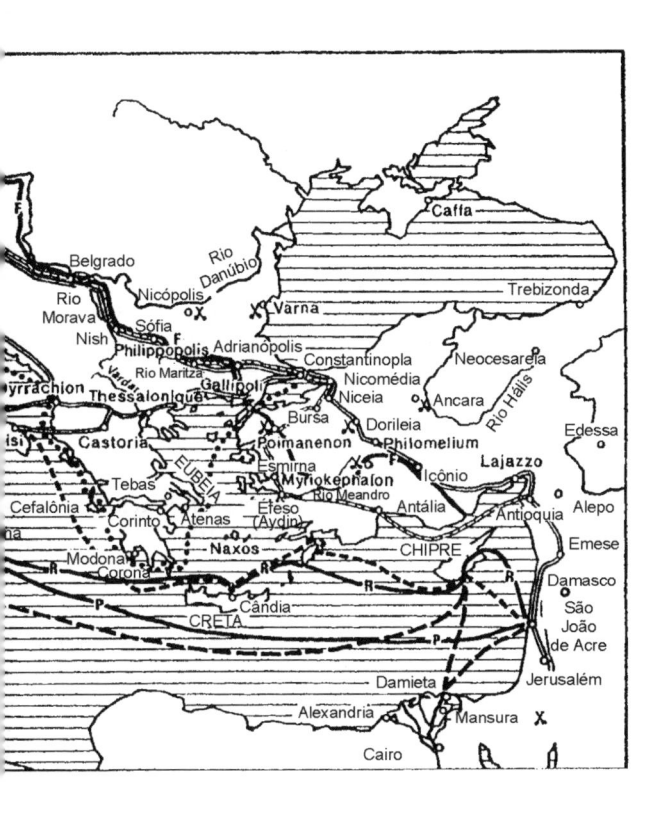

No outono, Saladino já se apoderara também de grande número de praças-fortes costeiras (São João d'Acre, Toron,

Sidon, Beirute e Ascalon), mas fracassara em seu assalto a Tiro, defendida por Conrad de Montferrat, que chegara inesperadamente de Constantinopla. Desapontados por essa derrota e inquietos pela aproximação do inverno, os contingentes orientais abandonaram o exército de Saladino. Em 1188, com forças reduzidas, mesmo assim ele se lançou ao ataque dos principados do norte: uma frota siciliana o impediu de completar seu assédio a Trípoli, mas conseguiu cercar Antioquia, desistindo do assédio desta última após a conclusão de uma trégua de oito meses. A essa época, os estabelecimentos dos cruzados estavam reduzidos a Tiro e Beaufort, os últimos remanescentes do reino de Jerusalém e ao norte, a Trípoli, à Fortaleza (Krak) dos cavaleiros, Antioquia e Margate.

IV. A Terceira Cruzada e o estabelecimento de um *status quo* (1187-1193)

A partir do verão de 1187, quando a notícia dos primeiros desastres chegou a Roma, o papa foi impelido a lançar tanto apelos à paz como à cruzada; a pregação desta última foi confiada ao legado papal Enrico d'Albano e ao arcebispo de Tiro, enviado por Conrad de Montferrat com cartas destinadas aos maiores príncipes do Ocidente. A iniciativa dos soberanos foi essencial para o lançamento da nova cruzada, que justapôs exércitos feudais bem estruturados e não mais colunas desorganizadas e carregadas de não combatentes. Sem esperar pelos outros, o rei normando Guilherme da Sicília chamou imediatamente da Grécia seu almirante Margarit e o enviou para o Oriente com cerca de cinquenta vasos de guerra e duzentos cavaleiros. Esse apoio naval foi o que permitiu a defesa de Tiro, Trípoli e Margate e garantiu o aprovisionamento das últimas praças de guerra dos francos, abastecendo-os com armamentos e homens de armas. No verão de 1189, com a ajuda de contingentes dinamarqueses, frísios e saxões e de cavaleiros flamengos, franceses e ingleses, Guy de Lusignan começou o cerco de São João d'Acre.

Desde 1188, os três maiores soberanos ocidentais haviam tomado a cruz. Já no final de sua carreira política – a paz reina tanto na Itália como na Alemanha, e a oposição do partido dos guelfos[21] havia sido derrotada – o imperador Frederico I Barba-Ruiva pôs-se a caminho à frente de um dos mais poderosos exércitos que participaram das cruzadas (cem mil homens, como se afirmou; na realidade, era composto, no mínimo, por vinte mil cavaleiros). Apesar de negociações prévias, a travessia do Império Bizantino deu margem a verdadeiras hostilidades, muito além de quaisquer incidentes das cruzadas anteriores: Frederico tomou Filipópolis e Adrianópolis e marchou contra Constantinopla. Sob pressão, o imperador Isaac Angelos foi obrigado a assinar a paz e garantir a passagem segura do exército para a Ásia. A penosa travessia da Anatólia tinha sido quase completada depois da importante vitória de Icônio sobre os turcos (maio de 1190), quando Frederico se afogou na travessia do rio Salefe, na Cilícia. Já esgotado pelas dificuldades do caminho e depois por uma epidemia que grassava em Antioquia, especialmente desencorajado pela perda de seu imperador e chefe, o exército se dispersou; somente algumas centenas de cavaleiros, sob o comando de Frederico da Suábia chegaram até a Palestina a tempo de participar do cerco de São João d'Acre.

Os reis da França e da Inglaterra também haviam tomado a cruz desde 1188, mas um novo conflito retardou sua partida; somente em 1190 Felipe Augusto e Ricardo Coração de Leão saíram de Vézelay, um por Marselha e o outro por Gênova, mas ainda precisaram passar o inverno na Sicília. Em Chipre, Isaac Comneno – que conquistara a ilha em 1184 – tratou mal os cruzados que tempestades lançaram na sua costa. Ricardo Coração de Leão tomou-lhe Chipre com a ajuda de Guy de Lusignan, que foi coroado rei da ilha em 1192. Por puro acaso, a cruzada se assenhoreou de uma base próxima ao reino de Jerusalém e de uma fonte de aprovisionamento segura. A chegada de Felipe Augusto, seguida pela de Ricardo, fez triunfar o cerco de São João d'Acre, que durara dois anos e custara grande número de vidas; a cidade se rendeu em 12 de julho de 1191. Felipe Augusto retornou

---

21. Favorável às pretensões materiais do papado. (N.T.)

à França e Ricardo se tornou o chefe único da cruzada. Essa autoridade lhe permitiu resolver o problema da sucessão dinástica do reino de Jerusalém. Guy de Lusignan, cuja esposa, Sibylle, falecera, conservou pessoalmente a dignidade real. Conrad de Montferrat, que acabara de desposar Isabelle, a herdeira do trono, aceitou anuir a suserania de Guy de Lusignan, sob condição de ser reconhecido como seu sucessor e herdeiro do reino. Embora comandasse um poderoso exército, este era obrigado a permanecer nas proximidades da costa para que a frota pudesse assegurar-lhe o reabastecimento, o que significou que Ricardo não pôde recuperar diretamente Jerusalém. Apesar das vitórias obtidas sobre Saladino em Arsufe em setembro de 1191 e em Jaffa no mês de agosto de 1192, as comunicações com Ascalon eram demasiado inseguras e frequentemente ameaçadas para que o exército pudesse aventurar-se a avançar para o interior.

O exército comandado por Ricardo Coração de Leão marchou ao longo da costa marítima, acompanhado pela frota cristã; foi atacado de surpresa pelo exército de Saladino

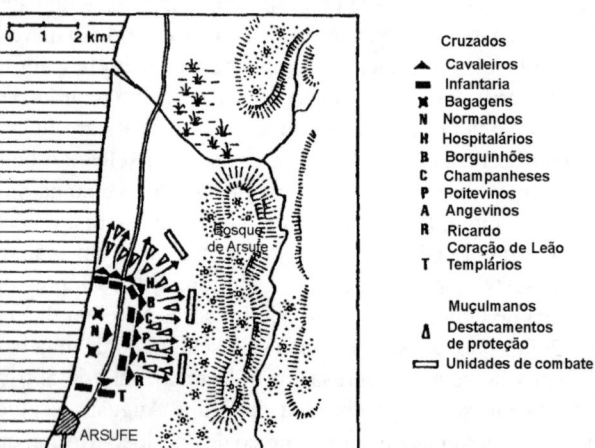

Figura 4 – Batalha de Arsufe (1191) – Citado de Verbruggen, em *De Krijgkunst in Westjen Europa* (*A arte militar da Europa Ocidental*)

à altura do bosque de Arsufe. Imediatamente, a coluna evoluiu ordenadamente para transformar-se em uma massa bem escalonada em profundidade. Seguiu-se uma vigorosa carga que pôs em debandada os muçulmanos. A coesão das chamadas "batalhas", unidades que compreendiam compatriotas, exerceu um papel capital nessa vitória. Os templários combateram como se fossem todos "filhos de um único pai". As fileiras dos cruzados estavam tão cerradas "que uma maçã lançada ao meio deles não chegava a cair no solo".

Apesar de duas tentativas, ele foi forçado a interromper a marcha a vinte quilômetros de Jerusalém. As hostilidades não haviam impedido negociações constantes com Saladino; este dispunha na ocasião somente de suas tropas pessoais e de alguns contingentes egípcios e damascenos que ele tinha a maior dificuldade para conservar em campanha. O zelo pela *jihad* se havia abrandado consideravelmente depois da tomada de Jerusalém pelos muçulmanos. Em 2 de setembro de 1192, foi concluída uma trégua que deveria durar três anos; Ascalon, que estava praticamente demolida, foi entregue a Saladino, mas os francos conservaram a costa marítima de Tiro a Jaffa e a liberdade de peregrinação foi garantida a todos os cristãos que se dirigissem a Jerusalém, do mesmo modo que a todos os muçulmanos que se dirigissem a Meca.

A Terceira Cruzada impediu a queda da Síria franca e contribuiu para o estabelecimento do segundo reino de Jerusalém, embora a monarquia franca devesse acertar longas contas com as comunidades mercantis italianas que, a partir desse momento, passaram a gozar de privilégios consideráveis (veja a seguir, na p. 111) em recompensa por seu apoio. O também chamado reino de Acre certamente fora reduzido a uma fímbria costeira, mas esta era muito mais fácil de defender do que os territórios anteriores, bem mais extensos. Os estabelecimentos latinos passaram a ser um elemento aceito de bom grado pela dinastia dos ayubidas, sucessores de Saladino (falecido em 1193), que renovaram a trégua em diversas ocasiões. O *status quo* estabelecido pela intervenção da Terceira Cruzada iria durar ainda quase um século.

Capítulo III

As cruzadas do século XIII:
desvios e impotência

Após a tomada de Jerusalém pelos muçulmanos, as cruzadas mudaram de sentido ou, pelo menos, de conteúdo: ainda que a libertação da Cidade Santa permanecesse no centro das preocupações, a realização desse objetivo admitiu a partir de então todo tipo de meios. O realismo havia tomado conta das cruzadas: a aventura espiritual e material, cujo resultado dependia apenas da vontade divina, tornava-se agora uma obra política e estratégica, preparada e organizada por um longo tempo. Mesmo que as monarquias inglesa e francesa tivessem perdido o interesse nelas (São Luís de França foi uma exceção em muitos sentidos), as cruzadas haviam entrado nos costumes da cavalaria ocidental e se tornado, especialmente no século XIII, ao mesmo tempo um ritual e uma iniciação. Contudo, uma vez que era possível dispor de numerosas tropas graças à convocação de uma nova cruzada, tornou-se grande a tentação de utilizá-las contra outros "infiéis" além dos muçulmanos da Terra Santa. Tais desvios dispersavam suas forças materiais, enfraqueciam suas forças espirituais e constituíram a causa direta de sua final impotência.

I. O desvio da Quarta Cruzada e a criação dos estados latinos na Grécia

A primeira dessas novas expedições foi a *cruzada projetada pelo imperador do Sacro Império Romano-Germânico Henrique VI*, que herdou simultaneamente as possessões de seu pai Frederico I Barba-Ruiva e do reino da Sicília (1194) e, mediante tais heranças, as tradições messiânicas da Cruzada Imperial e também as ambições mediterrâneas dos normandos. Os preparativos foram unicamente políticos:

os príncipes de Chipre e da Armênia reconheceram sua suserania e, em troca, receberam coroas e os títulos de reis. Heinrich VI exigiu a participação de Bizâncio na cruzada e depois a prestação de um tributo anual bastante elevado, para o pagamento do qual o imperador Aléxis III Angelos (1195-1203) foi forçado a estabelecer um imposto extraordinário (*alamanikon*) e até mesmo a retirar os adornos das sepulturas imperiais de seus predecessores. A cruzada já se dobrava às ambições disfarçadas sob o pretexto da justiça: Heinrich VI, que promovera o casamento de seu irmão Phillip von Schwaben com Irene, filha de Isaac Angelos, se apresentou como o vingador do imperador destronado. Foram necessários os pesados pagamentos dos bizantinos e a oposição do papa para desviar a cruzada de Constantinopla para Jerusalém. Os primeiros contingentes a chegar como vanguarda do imperador retomaram Sidon e Beirute e restabeleceram assim as comunicações terrestres entre São João d'Acre e Trípoli (1197), mas a morte de Heinrich VI provocou a dispersão da expedição.

A derrota da Cruzada Imperial de Heinrich VI, que se seguia à de Frederico Barba-Ruiva, forneceu os argumentos de que necessitava o novo papa, Inocêncio III (1198-1216), um jurista que fora eleito às prerrogativas da Santa Sé e que desejava aproveitar a ocasião da crise imperial para estender seu poder político, decidindo, então, proclamar *uma cruzada* de inspiração puramente *pontifícia.* O legado papal Pedro Capuano e Foulque, o cura de Neuilly-sur-Marne, pregaram a nova cruzada ao redor da França com sucesso crescente; seguindo a mesma linha de argumentação dos pregadores populares e dos fundadores dos movimentos eremíticos do século XII, Foulque insistiu na tecla da reforma moral, na luta contra o luxo, a prostituição e a usura, exaltando as virtudes purificadoras da cruzada justamente no momento em que os problemas financeiros mais pesavam sobre ela. De fato, o papa havia decretado um imposto de 2,5% sobre todas as rendas eclesiásticas para financiar sua cruzada. Os cruzados champanhenses e flamengos, que elegeram como chefe Thibaut de Champagne e, por morte deste, Boniface de Montferrat, enviaram plenipotenciários para concluir um tratado com Veneza para o transporte do exército, calculado em 4.500 cavaleiros, nove mil escudeiros e vinte mil "sargentos" de infantaria, além de seu aprovisionamento durante um ano, o qual foi assinado mediante o pagamento de 85 mil marcos de prata.

No ponto de encontro fixado, na primavera de 1202, a cruzada tinha sido abandonada pelos borguinhões e provençais, que já haviam embarcado em Marselha, e estava formada por um terço dos efetivos previstos, mal conseguindo entregar cinquenta mil marcos aos venezianos. Estes concederam uma moratória do restante sob a condição de que os cruzados ajudassem Veneza a retomar o porto dálmata de Zara, que lhes havia sido conquistado pelo rei da Hungria. A tomada dessa cidade cristã (novembro de 1202) levantou grandes protestos no seio do próprio exército; o papa excomungou os venezianos e cruzados que participaram do ataque, mas logo suspendeu a pena destes últimos. Durante a invernada, o jovem Aléxis IV Angelos chegou a Zara e pediu aos cruzados que restabelecessem no trono imperial seu pai Isaac II, destronado e cegado por Aléxis III em 1195. Em troca de sua ajuda, ele prometeu pagamentos elevados, a contribuição do Império bizantino para a continuação da cruzada e a união da igreja ortodoxa com a católica. Apesar da oposição de uma parte do exército e do legado papal, o projeto foi adotado: na primavera de 1203, a cruzada conquistou a ilha de Corfu e estabeleceu o cerco de Constantinopla (24 de junho de 1203). Em 17 de julho, um primeiro assalto às muralhas da cidade provocou a fuga de Aléxis III; com a reentronização de Isaac II, este associou seu filho Aléxis ao poder, com o título de Aléxis IV Angelos. Incapazes de cumprir as promessas feitas aos cruzados, cuja impaciência aumentava dia a dia, ao mesmo tempo que a população grega se lhes tornava progressivamente mais hostil, ambos foram derrubados por uma revolta popular, que colocou no trono Aléxis V Dukas, um antilatino convicto. Em março de 1204, foi concluído um tratado entre o doge de Veneza, Enrico Dandolo, que participava pessoalmente da expedição, e os barões cruzados, no qual foi decidida a partilha do Império bizantino, cuja posse foi assegurada por um novo ataque a Constantinopla. Em 13 de abril, a cidade foi tomada e entregue à pilhagem: "Tudo o que foi estocado aqui durante tantos séculos, tão grandes bens, nem os nobres, nem os ricos, ninguém pôde impedir sua conquista", escreveu Robert de Clari, enquanto o cronista bizantino Nicetas Choniates, que também testemunhou os acontecimentos, comparava a bondade dos sarracenos com as violências dos latinos, "que trazem a cruz de Cristo nas costas". Assim, a cruzada arruinou a "rainha das cidades" da cristandade e definitivamente provocou o cisma entre as Igrejas e os fiéis do Oriente e do Ocidente.

Evidente aos olhos da cristandade grega vitimada pela cruzada, o escândalo só foi trazido progressivamente à consciência ocidental. Inocêncio III de início aceitou o fato consumado, mais ou menos justificado pela promessa da união das igrejas e pela ajuda a Jerusalém garantida por um império agora latino. Mais adiante, informado sobre a violência dos assaltantes, instruído sobre os excessos cometidos e consciente das consequências nefastas da expedição de 1204, ele foi o primeiro a reclamar do "desvio" da cruzada e acusar os venezianos como tendo sido os principais responsáveis pela interferência:

> Vós desviastes e fizestes desviar o exército cristão da boa rota e o colocastes na má. [...] Vós guiastes erroneamente um exército tão numeroso [...] que tivemos tanta dificuldade para reunir, que custou tão caro para conduzir e no qual havíamos fundado nossas esperanças não somente de reconquistar Jerusalém, mas ainda de capturar a maior parte do reino do Egito.

O conceito do "desvio" não é portanto uma criação da consciência histórica moderna, mas é esta que tem a tarefa de determinar-lhe as responsabilidades. Aos poucos que defendem a teoria do "acaso", provocado por um puro e simples encadeamento dos fatos, tais como os relata Villehardouin, respondem todos os que acreditam na premeditação de um ou de outro dos protagonistas da cruzada.

As responsabilidades e interesses envolvidos no desvio da Quarta Cruzada não são menos evidentes; a partir de 1202, Felipe da Suábia, cunhado de Aléxis IV Angelos, o acolheu e propôs ao papa, caso ele fosse restabelecido em seu trono do "reino dos gregos", a ajuda do Império Bizantino para a nova cruzada; Boniface de Montferrat também se achava a par do projeto desde esta época, e as relações de seus dois irmãos com o Oriente bizantino explicavam perfeitamente que ele fosse favorável a tais propostas. É claro que Inocêncio III desejava que a Igreja Grega se submetesse a Roma e que o Império bizantino auxiliasse a cruzada em vez de contrariá-la, mas tudo leva a crer que nem por um momento ele tenha planejado empregar a força reunida para atingir tais fins. Por outro lado, é evidente que o papel de Veneza foi capital: de forma premeditada ou não, a república veneziana utilizou as circunstâncias para favorecer seus melhores interesses. Desde 1082, Veneza havia recebido privilégios comerciais consideráveis no Império, que haviam sido renovados por Isaac II e por Aléxis III. Mas a república veneziana se sentia ameaçada pela concorrência de Gênova e mais ainda pela de Pisa, a quem privilégios comparáveis haviam sido concedidos, além de pela recrudescência da pirataria no Mediterrâneo oriental, que Bizâncio não se esforçava para reprimir e quiçá até mesmo favorecesse e também pela crescente hostilidade da população grega. Tanto em 1171 como em 1182, por ocasião de revoltas populares antilatinas, os mercadores italianos haviam sido expulsos, quando não massacrados. Além disso, o Império se achava em vias de desintegração, como mostraram as secessões de Chipre, em 1182, e de Trebizonda, em 1204, sem contar as revoltas dos búlgaros, valáquios e sérvios e a autonomia assumida por certos "arcontes" tanto na Grécia como na Ásia Menor. Dentro desse clima político instável, poderia parecer útil a eles consolidar ou mesmo melhorar sua situação. De fato, a conquista de Constantinopla deu aos venezianos o livre acesso ao Mar Negro, até então proibido aos barcos estrangeiros. O doge Enrico Dandolo, que participou pessoalmente da expedição, dispunha de um meio de pressão (as promissórias devidas a Veneza) sobre os cruzados. Os pretextos da defesa do "direito de herança direta" (porque Aléxis IV era considerado o herdeiro legítimo do trono) e da necessidade de punir a cidade "infiel às leis de Roma" serviram aos venezianos para apaziguar as consciências dos barões cruzados, ao mesmo tempo que faziam cintilar aos olhos de todos as riquezas materiais e espirituais – as relíquias dos santos – conservadas em Bizâncio. O determinismo econômico impulsionou Veneza a dominar Constantinopla; o apelo de Aléxis IV forneceu o pretexto e os cruzados, sua massa de manobra. É óbvio que, sem a intervenção de Veneza, a cruzada não teria sido "desviada", justamente porque, sem a cruzada, Veneza nunca teria podido fundar seu império nas terras do Oriente.

Dentre todos os estabelecimentos que se originaram com a Quarta Cruzada, o Império veneziano deveria ser o mais durável. A *partitio*, aplicando os termos do tratado de 1202 sobre a partilha do Império bizantino – meio a meio entre os venezianos e os cruzados – ou pelo menos sobre as conquistas efetivamente realizadas, acabou por conceder ao imperador latino um quarto das terras, sendo os três quartos restantes divididos meio a meio entre Veneza e os "peregrinos". O imperador germânico decidiu receber Constantinopla, a Trácia e o noroeste da Ásia Menor, territórios que teve a maior dificuldade de defender contra os ataques dos búlgaros (derrota de Andrinopla, em 1205), do Novo Império Grego de Niceia (derrota de Poimanenon, em 1225) e depois contra a aliança de ambos os grupos (cerco de Constantinopla, em 1236). A sobrevivência do Império latino, reduzido agora unicamente à posse de Constantinopla, passou a depender exclusivamente dos desentendimentos de seus adversários, de eventuais socorros vindo do Ocidente – ainda que os apelos do papa Gregório IX em favor de uma cruzada em defesa do Império latino (em 1235 e 1237) tenham resultado praticamente sem efeito – e, acima de tudo, do apoio da frota veneziana. Quando este foi retirado, Constantinopla foi tomada praticamente sem combate, no ano de 1261.

Na Macedônia, Boniface de Montferrat fundou *o efêmero reino de Tessalônica*, que foi conquistado pelo déspota do Épiro em 1222, depois retomado pelo imperador bizantino do chamado Império de Niceia, João Vatatzes, em 1242. A Ática e a Beócia constituíram *o Ducado de Atenas*, fundado pelo cavaleiro borguinhão Otton de La Roche. Mas o ducado logo passou às mãos dos mercenários catalães (1311), derrotados, por sua vez, ainda que décadas mais tarde, pela dinastia florentina dos Acciajuoli (1387). No Peloponeso, o principado francês da Moreia ou da Acaia, criado por Geoffroy de Villehardouin – sobrinho do historiador da Quarta Cruzada –, passou à suserania dos príncipes angevinos de Nápoles (1267) e foi progressivamente reconquistado pelos bizantinos instalados em Mistra.

Já *o domínio veneziano* foi a mais durável das aquisições da Quarta Cruzada: além de um bairro de Constantinopla, a república possuía com exclusividade os portos de Corona e de Modona, ao sul de Messênia, e a totalidade da ilha de Creta que, a partir do século XIV, foi a principal fonte de madeira para a metrópole, além de enviar-lhe trigo e outros produtos agrícolas. Veneza exercia, além disso, sua suserania sobre os senhores feudais da ilha de Negroponte (Eubeia) e sobre as diferentes famílias patrícias estabelecidas como senhoras de uma série de ilhas menores, que permaneciam mais ou menos ligadas à metrópole por meio de sua cidadania veneziana.

A Romênia veneziana e franca foi puramente uma criação da cruzada, mas passou logo a se desenvolver como um país independente, após se libertar de seus primeiros dominadores; no decorrer do século XIII, as forças das cruzadas se consagraram efetivamente a duas tarefas: a defesa da Terra Santa e a reconquista de Jerusalém, que permaneceram o objetivo principal, além de uma série de outras expedições em território europeu, que seriam assimiladas sob o título de "peregrinações da cruz".

II. O desvio sistemático: As cruzadas políticas do século XIII

O século XII já assistira cruzadas empreendidas com outros objetivos que a reconquista do túmulo de Cristo: desde o início, a indulgência conferida aos cruzados havia sido garantida igualmente àqueles que lutassem na Espanha contra os muçulmanos. Em 1147, o papa havia estendido os privilégios da cruzada aos espanhóis que haviam tomado Almeria – ao mesmo tempo que uma frota de cruzados provenientes do norte da Europa havia ajudado a ocupar Lisboa. Até mesmo uma expedição organizada no norte da Alemanha contra os wendos pagãos tinha recebido uma bênção semelhante. Isso resultara no fato curioso de que um grupo de cruzados tivesse pretendido atacar a cidade cristã, porém eslava, de Stettin. Contudo, ao ver as cruzes erguidas sobre as fortificações, a cruzada se havia dispersado: ela só estava autorizada a combater contra os pagãos.

Ao longo do século XIII, entretanto, os privilégios da cruzada foram sendo estendidos a toda espécie de expedições dirigidas contra "os inimigos da fé" em geral e os inimigos do papado em particular, não importando que fossem cristãos. Mesmo que a responsabilidade direta do desvio da Quarta Cruzada não pudesse ser imputada ao papa, mas aos venezianos, o papel de Inocêncio III neste desvio da cruzada para atender a seus próprios objetivos políticos é incontestável. Já em 1199, o papa reinante ameaçara lançar uma cruzada contra um nobre italiano partidário do Sacro Império Romano-Germânico. Muito especialmente, a partir de 1207 e 1208, o papa manda pregar na França *a cruzada contra os heréticos "albigenses"* (os cátaros, que professavam uma doutrina dualista), oferecendo a todos os que tomassem armas contra eles não somente as mesmas indulgências que receberiam caso se dispusessem a marchar para a Terra Santa, como a posse das terras conquistadas aos heréticos. Os contingentes atraídos por essa promessa, vindos do norte e do centro da França, ajudaram inicialmente Simon de Montfort, eleito chefe da cruzada, a conquistar Béziers, Carcassonne e toda a província de Albigeois, em torno da cidade de Albi, depois a província tolosana, ao redor de Toulouse; finalmente, o ajudaram a alcançar a vitória decisiva de Muret sobre o rei de Aragão, Pedro II, que viera em socorro de seu vassalo, o conde Raymond IV de Toulouse (1213). O Quarto Concílio de Latrão confirmou a pose de Simon de Montfort sobre todas as terras conquistadas ao conde herege e confiou ao papa a regência do marquesado de Provença em nome do marquês Raymond VII, então menor de idade (1215). Todavia, o concílio preparava igualmente uma nova cruzada em direção à Terra Santa (veja mais adiante, na p. 67), de tal modo que a luta contra os cátaros refugiados na província de Languedoc foi prosseguida principalmente por mercenários, justamente os guerreiros ambulantes que o Terceiro Concílio de Latrão (1179) havia anatematizado com a mesma veemência que aos heréticos. Em 1226, o rei Luís VIII da França conduziu a cruzada que se apoderou de Avignon e da Provença; o Tratado de Paris (1229) garantiu a união definitiva do Languedoc à França. A cruzada dera grandes lucros à dinastia capetiana e a luta contra a heresia, que jamais chegou a ser interrompida, continuou a partir de então sob a orientação da Inquisição.

Inocêncio III tinha aberto o caminho para seus sucessores e forjara o instrumento das "*cruzadas políticas*" que ocorreriam mais adiante, determinando a cobrança do primeiro imposto para as cruzadas, estabelecido sobre as rendas dos eclesiásticos, e expressando o direito da "*exposição da presa*", isto é, o direito que o papa tinha de oferecer a todo católico zeloso que se apoderasse das terras daqueles que havia reprimido em função de sua heresia que as mantivesse mediante juramento de vassalagem para com o papa. Com o apoio dessas armas práticas e teóricas, os papas do século XIII utilizaram as cruzadas para a obtenção e manutenção de um objetivo político essencial: garantir a independência secular do papado e impedir o Império Romano-Germânico de controlar a Itália meridional e a Sicília, ao mesmo tempo que aumentavam o *patrimônio de São Pedro*. Em 1229, mesmo que Frederico II tivesse partido como cruzado para a Síria, o papa lançou contra ele um exército financiado pela taxa sobre as rendas dos clérigos e o resultado das décimas recolhidas sobre os saques da cruzada albigense, prometendo aos combatentes a remissão de seus pecados, mesmo que não a indulgência total conferida aos cruzados. Dez anos depois, em 1239, a guerra travada entre o papa e o imperador germânico se tornou uma verdadeira cruzada: ele prometeu aos soldados os mesmos privilégios que receberiam caso partissem para a Terra Santa; convidou os húngaros que haviam feito o voto e tomado a cruz que o cumprissem participando da cruzada contra Frederico II, descrito como o anticristo pela propaganda eclesiástica. A luta alcançou seu apogeu na mesma época em que Luís IX da França combatia no Egito e na Síria; as forças francesas ficaram isoladas em sua luta pela Terra Santa, uma vez que Inocêncio IV (1243-1254) apelara para os alemães e italianos que se unissem à "cruzada europeia" contra o imperador germânico. Mas os resultados assim obtidos foram efêmeros e pouco eficazes. Para alcançar um sucesso mais duradouro, ele rapidamente se lembrou de decretar a aplicação do princípio da "exposição da presa" que fora inventado por Inocêncio III.

III. Tréguas e cruzadas na Terra Santa (1198-1254): A coexistência com a dinastia dos ayubidas

1. As tréguas – Com a morte de Saladino, suas possessões foram divididas, de acordo com sua vontade, entre seus filhos e seu irmão al-Adil (Aladil), que conseguiu se fazer proclamar sultão do Cairo (1200) e que exerceu, até sua morte, em 1218, uma autoridade moral sobre os outros príncipes da dinastia dos ayubidas. A independência de fato destes últimos, suas disputas interinas e o aparente esfacelamento da Síria não significaram em absoluto o retorno à "anarquia muçulmana" do século XI. Durante o governo de Aladil e de seu filho e sucessor al-Kamil (1218-1238), a proeminência do sultão do Cairo, a solidariedade familiar e a influência da ortodoxia sunita favorecida pela família dos ayubidas contribuíram para assegurar sua união perante os inimigos comuns.

Ocorre que, a essa altura, os estados cruzados haviam deixado de ser inimigos perigosos: reduzidos a uma faixa costeira, empobrecidos tanto em dinheiro como em soldados, não tinham condições de empreender uma política ofensiva somente por suas próprias forças. A chegada de uma nova cruzada podia ameaçar mais perigosamente o Egito – o que efetivamente aconteceu diversas vezes – mas seus interesses políticos e pessoais, naturalmente, incitavam o sultão a permanecer em paz com os estados francos que, aliás, não o incomodavam em nada e até mesmo contribuíam para assegurar a prosperidade de seu reino, garantindo estreitas relações comerciais com os mercadores italianos (os tratados concluídos por Saladino foram renovados com Pisa, em 1207, e com Veneza, em 1218, sem contar que três mil mercadores francos habitavam em Alexandria em 1212).

A primeira metade do século XIII é, portanto, uma época em que a paz tem precedência sobre a guerra; diferentemente do século XII, em que os cavaleiros da Terra Santa passavam o tempo em cavalgadas e expedições militares, ao longo do século XIII, era necessário o surgimento de novos cruzados recém-vindos do Ocidente para fazer com que os francos da Síria, de má vontade, voltassem à ofensiva. As tréguas assinadas em 1198 por cinco anos e meio; em 1204, por seis anos; em 1212 e em 1229 por dez anos, cinco meses e quarenta dias não garantiam somente a não beligerância, mas algumas vezes foram acompanhadas de concessões muçulmanas: a devolução de Jaffa aos francos, em 1204, de Jerusalém e de outros lugares em 1229 (sobre este tratado, veja adiante, na p. 70), além das praças-fortes de Safete e Beaufort, em 1240.

2. A Quinta Cruzada (1217-1219) – Todavia, em 1210, Aladil mandou construir sobre o monte Tabor uma fortaleza que dominava toda a planície de Acre; esse acontecimento foi invocado pelo papa Inocêncio III para pregar, a partir de 1213, uma nova cruzada. As guerras entre os reis da França e da Inglaterra e entre Frederico II do Império Germânico e seu rival, o anti-imperador Otto IV, com as ações condenáveis que as acompanharam, favoreceram a proclamação papal sobre o empreendimento da nova cruzada, cuja organização foi codificada por um decreto importante emitido pelo Quarto Concílio de Latrão (1215). Poucos franceses participaram da Quinta Cruzada, em razão da "cruzada" contra os albigenses, iniciada em 1209; os contingentes do duque da Áustria e do rei da Hungria não foram suficientes para capturar a fortaleza de Tabor, assaltada em 1217. Os húngaros começaram a retornar a partir de 1218; entretanto, aqueles que permaneceram na Palestina conseguiram retomar Cesareia e construíram, ao pé do monte Carmelo, a fortaleza do Castelo dos Peregrinos. Na primavera, com a chegada de um a contingente importante de cruzados frísios e renanos (do norte da atual Alemanha), decidiu-se atacar Damieta, no delta do Nilo, com a esperança de enfraquecer o poder dos egípcios e retomar Jerusalém mais facilmente. De fato, a chegada de novos cruzados italianos, franceses, ingleses e espanhóis, no outono de 1218, reforçou os sitiantes, e o sultão Alcamil propôs aos latinos que levantassem o cerco em troca da devolução do antigo território do reino de Jerusalém, com a exceção da Transjordânia, chegando mesmo a sugerir que construiria praças-fortes à sua própria custa. Contudo, a oposição do legado papal Pelayo, que pretendia dirigir a cruzada tanto temporal como espiritualmente, impediu que o rei de Jerusalém, Jean de Brienne, aceitasse o tratado. Após a tomada de Damieta (5 de novembro de 1219), o legado conduziu o exército para o sul, com a intenção de conquistar todo o Egito: o exército marchou sobre o Cairo, mas os cruzados foram bloqueados pela inundação que provocou a ruptura dos diques do Nilo e foram a seguir forçados a abandonar Damieta, evacuar o Egito e assinar uma trégua de oito anos. A cruzada "pontifícia" fracassou por culpa do legado papal.

3. A (Sexta) Cruzada de Frederico II (1228-1229)

– O papa, depois dessa derrota, só podia contar com a ajuda de Frederico II, que havia tomado a cruz em 1215, mas fora impedido de partir pela guerra com seu rival. Ambos tendo se reconciliado, Frederico foi coroado imperador em Roma, no ano de 1220, casando-se em 1225 com Isabelle, filha da princesa Marie e de Jean de Brienne, o que lhe permitiu tornar-se o rei de Jerusalém no lugar deste último, em virtude da aplicação estrita do direito feudal, mas contrariamente às promessas que fizera a seu futuro sogro. Sua partida para a Síria, marcada para 1227, foi adiada por motivo de doença; tomando este outro atraso como pretexto, o novo papa, Gregório IX, excomungou o imperador e proclamou o interdito sobre suas terras. Em consequência, Frederico II partiu para a cruzada na primavera de 1228. Desde antes de sua chegada, ele havia entabulado negociações diplomáticas com o sultão Alcamil para a recuperação de Jerusalém. Na época, o sultão se achava ameaçado por uma coalizão de seus primos ayubidas da Síria, que se haviam aliado e eram apoiados pelos turcos corásmios, da região entre os mares Negro e Cáspio. Mas, no momento de sua chegada, a situação se havia invertido: o sultão de Damasco havia morrido, e Alcamil dividira suas possessões com seu irmão, vindo da Djazirá, no norte do atual Iraque, que ficou com Damasco e entregou a Palestina a Alcamil. Não obstante, depois de cinco meses de novas negociações, Frederico conseguiu assinar com Alcamil o *Tratado de Jaffa* (11 de fevereiro de 1229): Jerusalém foi devolvida ao reino latino, juntamente com Nazaré, Belém, os territórios de Lidda e Ramalá e até mesmo os feudos setentrionais de Torona e de Sidon. A Cidade Santa foi declarada "cidade aberta", e os muçulmanos conservaram a posse do lugar do antigo templo, a chamada "esplanada das mesquitas", onde haviam sido construídas a mesquita de Omar e a mesquita de al-Aqsa (o Domo da Rocha), enquanto os cristãos assumiram o controle do Santo Sepulcro. Em 17 de março, Frederico II colocou a coroa do reino sobre sua própria cabeça, já que o Patriarca de Jerusalém se recusou a efetuar a cerimônia da coroação. O reino de Jerusalém fora finalmente restabelecido, mas em condições políticas tais que as dificuldades interiores entre os que deveriam defendê-lo acabaram por lhe provocar novamente a ruína.

4. As guerras civis da Palestina e a nova perda de Jerusalém (1229-1244) – Durante o primeiro quarto do século XIII, os conflitos internos haviam enfraquecido fortemente os condados do norte. O principado de Antioquia há muito tempo era disputado pelo conde de Trípoli, Bohémond IV, e pelo sobrinho-neto do rei da Armênia, mas em 1219 foi definitivamente unido ao condado de Trípoli. O reino de Jerusalém, por outro lado, só sofrera dificuldades menores sob Henrique de Champanha (1192-1197) e Amaury de Lusignan (1197-1205), que haviam sido esposos sucessivos da Rainha Isabelle, viúva de Conrad de Montferrat; e posteriormente sob Jean d'Ibelin, chamado de "o velho senhor de Beirute", que exerceu o cargo de *bailio* (de fato, regente) da filha de Isabelle, Marie (1205-1210). Esta foi então casada com Jean de Brienne, que se tornou rei (1210-1212) e depois, por morte de sua esposa, regente em nome de sua filha, Isabelle II, de 1212 a 1225 (veja o quadro genealógico, na p. 73).

A passagem do reino para as mãos de Frederico II e o conflito que o opôs ao papado e aos barões cruzados inauguraram um período de *guerras civis incessantes*, que não foram interrompidas sequer pela ameaça dos piores perigos externos. Os detalhes das lutas conduzidas pelos barões sírios e sobretudo por Jean d'Ibelin, regente de Chipre, com o apoio dos templários, contra o representante do imperador, o marechal Ricardo Filangieri, derrotado em Chipre em 1232 e definitivamente expulso de Tiro em 1243, foram relatados nas memórias do jurista Felippo de Novara, partidário dos d'Ibelin, que intitulou sua narrativa de *História da guerra entre o imperador Frederico e Messire Jean d'Ibelin*. Dentro desse contexto, os novos cruzados recém-chegados à Terra Santa hesitavam entre as políticas propostas pelos dois partidos: em 1239, Teobaldo de Champanha retomou Jerusalém, que fora temporariamente ocupada pelos egípcios tão logo expirara a trégua e, aceitando os conselhos dos templários e de d'Ibelin, negociou com o sultão de Damasco a restituição das praças-fortes da Galileia, mas o tratado não foi concluído. Por sua vez, Ricardo de Cornualha, que era aparentado com Frederico II, representando o imperador com o apoio dos Cavaleiros hospitalários, negociou uma aliança com o Egito, obtendo do sultão do Cairo, as-Salih Ayub (1240-1249), a renovação do tratado de 1229 e a restituição de territórios suplementares – a região de Sidon, a Galileia oriental, incluindo Tiberíades, e as regiões de Jaffa e de Ascalon –, devolvendo ao reino de Jerusalém suas fronteiras de 1187. Após seu retorno para a Europa, os barões guelfos, partidários do papa, entraram por sua vez em contato com o sultão de Damasco, que se achava então ameaçado por as-Salih Ayub, e obtiveram dele a promessa de restituições suplementares.

Mas o sultão do Egito apelou para as tropas dos corasmianos, que haviam sido expulsos da Mesopotâmia pelo avanço dos mongóis. Os corasmianos conquistaram Jerusalém, que fora deixada praticamente sem defesa e, juntamente com tropas vindas do Egito, aniquilaram o exército formado pela aliança dos francos e dos aiúbidas de Damasco, nas proximidades de Gaza (batalha de La Forbie, 17 de outubro de 1244). As-Salih Ayub retomou Ascalon e a Galileia oriental (1247), tornou-se o senhor de Damasco, estabeleceu sua soberania sobre Homs e entrou em guerra pelo controle da Síria inteira com seu primo, o sultão de Alepo. O sultão ayubida rompeu com as políticas de seus predecessores: ignorando a solidariedade familiar, procurou impor sua autoridade por todos os meios a seu alcance e conduziu ofensivas militares simultâneas contra seus parentes da Síria e contra os francos. Desconfiando dos elementos tradicionais do exército ayubida – mercenários curdos livres e escravos (mamelucos) cujos regimentos traziam o nome dos sultões que os haviam constituído (Regimento Salahiya, fundado por Saladino; Regimento Kamiliya, criado por Alcamil etc.), as-Salih Ayub

A SUCESSÃO AO TRONO DE JERUSALÉM

Conde Eustáquio de Bulonha (pai de)

Godofredo de Bulhões (rei entre 1099 e 1100) (irmãos) **Balduíno I** → **Balduíno II** (seu primo) (1100-1118) (1118-1131) x Foulque d'Anjou (casada com Foulque d'Anjou (1131-1144))

Melisande, filha de Balduíno II

Amaury, I, pai de Sibila, casou-se em segundas núpcias com Maria Commeno.

Balduíno III (1144-1162) (irmãos) **Amaury I** (1162-1173) x (1) Agnès de Courtenay
x Teodora Commeno (sem filhos)

Sibila x (1) Guilherme de Montferrat
Sibila casou-se em segundas núpcias com **Guy de Lusignan** (1186-1192) sem filhos.

Balduíno IV (1173-1185) (sem filhos)

Balduíno V (1185, sem filhos)

Isabelle x Manfredo de Torona, sem filhos

Isabelle casou-se em segundas núpcias com **Conrado de Montferrat** (1191-1192).

Marie x **Jean de Brienne** (1210-1225)

Isabelle-Yolande x **Imperador Frederico II** (1225-1250)

Imperador Conrado IV (1250-1254)

Conradino (1254-1268)

Isabelle casou-se em terceiras núpcias com **Henrique de Champanha** (1192-1197).

Alice x Hughes I rei de Chipre

Henrique I rei de Chipre (sem filhos)

Isabelle de Lusignan

Hughes III, rei de Chipre (1267-1284) [Também rei de Jerusalém (1269-1284)]

Jean I de Chipre (1284-1285)

Henrique II, rei de Chipre de 1285-1324 e de Jerusalém (1286-1291)

Isabelle casou-se em quartas núpcias com **Amaury II de Lusignan** (1197-1205).

Melisande x Bohémond IV de Antioquia

Maria de Antioquia (vendeu seus direitos de sucessão em 1277 a Charles d'Anjou.)

Salvo menção em contrário, as datas entre parênteses correspondem aos reinados dos reis de Jerusalém. Os nomes dos reis de Jerusalém estão destacados em negrito.

cercou-se de um corpo de elite formado por uma guarda mameluca instaurada por ele mesmo, denominada Bahriya as--Salihiya, ou "Guarda da Ilha do Nilo" (Bahr al-Nil, em que era aquartelada) "do sultão as-Salih".

No momento em que as-Salih inaugurou o regime dos mamelucos, que irá dominar todo o período seguinte, os estados francos da Síria, já empobrecidos por suas perdas de territórios, se demonstravam cada vez mais divididos. O filho de Frederico II, Conrado IV, tornou-se rei de Jerusalém (1243), mas os barões se recusaram a prestar homenagem ao representante por ele enviado e confiaram a regência à rainha-viúva de Chipre, Alice de Champanha, e depois a seu filho, Henrique I. Essa regência era tão teórica que o reinado de Conrado IV e sua autoridade pertenciam de fato aos *bailios* da família dos d'Ibelin (Balian e depois seu irmão Jean), que dominaram a alta corte do reino, além de serem os senhores dos principais feudos, tanto no continente como em Chipre. Tiro, que foi tomada aos partidários do imperador, foi dada pelos d'Ibelin a um de seus parentes, Philippe de Montfort; os d'Ibelin possuíam ainda as senhorias de Beirute, Cesareia, Arsufe e Jaffa. A essa altura, o resto do território do reino pertencia às ordens religiosas militares, embora em Antioquia, e mais ainda em Acre, as autoridades civis escolhidas pela comunidade dos nobres fossem todo-poderosas. Em termos práticos, já não mais existiam estados cruzados na Terra Santa, mas sim "estabelecimentos" isolados, cuja impotência era aumentada pela rivalidade mútua; diferentemente do século XII, agora a ajuda dos novos cruzados ocidentais se havia tornado indispensável para sua defesa.

5. A Sétima Cruzada (1248-1249) – Na Europa, a disputa entre o império e o papado absorvia todas as forças da Itália e da Alemanha; ao mesmo tempo, a luta do rei Henrique III contra seus barões ocupava as forças inglesas. Desse modo, o apelo do papa Inocêncio IV no Concílio de

Lyon (1245) teria ficado sem grande efeito se as condições da França não lhe fosse favoráveis nesse momento. Desde 1244, no transcurso de uma grave doença, o rei Luís IX fez o voto de tornar-se cruzado. A paz e a prosperidade do reino lhe permitiram preparar minuciosamente o financiamento e o recrutamento de uma expedição que, somada aos contingentes da Moreia, de Chipre e de Acre, reuniu quase três mil cavaleiros. Partindo de Aigues-Mortes e de Marselha, a frota invernou em Chipre e, tão logo desembarcou no Egito, já se apoderou de Damieta, que fora desertada pelas tropas do sultão (6 de junho de 1249). Mas esta "Sétima Cruzada"[22] reiterou, logo a seguir, os erros da Quinta. Após haver recusado a oferta do sultão do Cairo, que lhe propusera a entrega de Jerusalém, de Ascalon e da Galileia Oriental em troca da liberação de Damieta e da partida dos cruzados, o exército marchou para o Cairo, só conseguindo atravessar para a margem leste do Nilo em La Mansura à custa de duros combates. A retirada estava sendo feita em boa ordem quando o exército foi assolado por uma epidemia, do que se aproveitaram para assediá-lo tanto as tropas de infantaria como a frota egípcias. Em 6 de abril de 1250, o exército foi forçado a se render. Luís IX obteve sua liberação pessoal em troca de Damieta, mas foi obrigado a pagar quatrocentos mil besantes como resgate dos cruzados sobreviventes. A expedição ao Egito fracassou e a revolta que ocorreu no Cairo logo a seguir modificou, dentro de pouco tempo, todo o equilíbrio das forças no Oriente Próximo em prejuízo dos cruzados.

---

22. De acordo com a numeração tradicional entre os autores franceses. Outros não contam a cruzada contra Damieta, porque não se dirigiu diretamente à Terra Santa e outros ainda tanto a omitem como deixam de fora a cruzada de Frederico II, composta exclusivamente por tropas do Sacro Império Romano-Germânico. Seja como for, qualquer escolha é arbitrária: durante os séculos XII e XIII houve muito mais "passagens" ou "peregrinações" do que as numerações habituais deixam transparecer. (N.A.)

IV. Entre mongóis e mamelucos: O fim dos estabelecimentos cruzados na Síria-Palestina (1250-1291)

Após a morte de as-Salih Ayub e o assassinato de seu filho (maio de 1250), o poder passou para a mão dos antigos escravos, chamados mamelucos. Esse regime militar foi contestado inicialmente pelo sultão ayubida de Damasco, suserano de todos os príncipes da Síria. Aproveitando-se dessas dissensões, Luís IX, que permanecia na Terra Santa, concluiu, em 1253, um tratado com os mamelucos por meio do qual os últimos prisioneiros franceses foram libertados, além de prometer a restituição de Jerusalém, Belém e de quase todo o antigo território cisjordaniano em troca de uma aliança contra os ayubidas da Síria. Entretanto, antes de que qualquer tratado definitivo tivesse sido assinado, o conselho dos mamelucos fez as pazes com os sírios por insistência do califa de Damasco (1253). Luís IX ocupou-se durante o restante de sua estadia na Terra Santa (1250-1254) com a restauração das fortificações das praças-fortes costeiras que pertenciam aos francos (Acre, Cesareia, Jaffa e Sidon), com o restabelecimento da aliança entre os barões rivais no principado de Antioquia, dividido mais por brigas familiares do que por motivos políticos, e com a reconciliação do principado inteiro com os seus vizinhos armênios.

O equilíbrio precário entre os mamelucos e os ayubidas, que havia sido relativamente favorável aos francos – já que estes o aproveitaram para assinar uma nova trégua com os ayubidas (1256) –, foi rompido pela chegada dos mongóis. Começada no início do século XIII, a *expansão mongol* ocorrida sob Genghis Khan, entre os anos de 1206 e 1227, que ocupou a China, o Khorassan e a Rússia do Sul, foi continuada por seus filhos, que conquistaram o Irã, a Ucrânia, a Polônia e a Anatólia seljúcida, esta reduzida à condição de um protetorado, em 1243. Fundador do estado Il-Khanida do Irã, o cã Hulagu prosseguiu com o avanço em direção à Mesopotâmia e à Síria. Em 1256, conseguiu vencer a seita dos Assassinos, que dominavam a província de Alamute, também na Pérsia; em 1258, conquistou e eliminou do mapa o califado de Bagdá e, em 1260, assenhoreou-se dos principados ayubidas na Síria. Os estabelecimentos cristãos latinos ainda não haviam despertado o interesse da *aliança mongol*; as devastações dos assim chamados "tártaros" na Europa central, bem ao contrário, estão registradas até hoje em todas as memórias. Luís IX lhes enviou uma embaixada, que retornou sem resultados; o papa condenou o príncipe de Antioquia, que seguira o exemplo dos armênios durante o movimento dos mongóis e conquistara Djabalá e Lataquiê, no litoral da Síria. Também em 1260, os francos do reino de Jerusalém observaram uma neutralidade favorável aos mamelucos, que reabasteceram de provisões. Vitorioso sobre os mongóis na batalha de Ain-Jalut (na Galileia), o novo sultão mameluco do Egito tornou-se o senhor da Síria.

De repente, os estabelecimentos cruzados descobriram que estavam cercados pelas possessões do *sultanato mameluco*, uma situação que persistiu por bastante tempo. Além do mais, a constante ameaça dos mongóis provocou um *endurecimento* dessa ditadura militar, que exercia um controle firme sobre seus oficiais detentores de *iqtá*, isto é, o comando de praças-fortes. A partir de então, o título passou a representar uma simples designação fiscal sem caráter feudal, o que permitiu ao sultão dispor de um exército forte e permanente. O regime desconfiava de todo possível aliado dos mongóis, tanto dos latinos como dos cristãos asiáticos. A ideia constantemente retomada era a da *jihad*, a guerra santa. No decorrer dos dez anos seguintes, o sultão Baibars instalou um califado no Cairo, tornando seu estado o centro político e cultural do Oriente Próximo, conquistou todas as praças-fortes ainda mantidas pelos francos no interior da Palestina – Nazaré, a fortaleza do monte Tabor, Belém, Safete, Beaufort, o Castelo Branco e o Krak (a Fortaleza) dos cavaleiros (1271) – e, ao longo da costa, tomou Cesareia, Arsufe, Jaffa e Antioquia (1268). Algumas vezes, chegou a ser chamado a intervir pelos próprios cristãos, cujas divisões interinas aumentavam cada vez mais.

Entre 1256 e 1258, uma verdadeira *guerra civil* (chamada a *Guerra de São Sabá*) em função de um monastério existente em São João d'Acre, que era disputado pelos dois partidos, lançou dentro do condado de Acre os genoveses, apoiados por Philippe de Montfort e pelos Cavaleiros hospitalários, contra os venezianos, que estavam aliados ao conde de Jaffa e aos Cavaleiros Templários. A guerra naval se travou por meio de assaltos dos venezianos contra Tiro e dos genoveses contra Acre até que um acordo definitivo foi concluído por intervenção de Luís IX, em 1270. Mas a armada de Pisa permaneceu em luta contra a de Gênova até 1288. Em Trípoli, Bohémond IV foi forçado a combater ao mesmo tempo contra os templários e seus vassalos genoveses, os embriacci, senhores de Djibelete. Ao mesmo tempo, a morte de Conradino (Conrado III), em 1268, imperador do Santo Império e rei titular de Jerusalém, reanimou as *querelas dinásticas*. O rei Hughes III de Chipre, regente desde 1264, conseguiu que seus direitos à coroa fossem reconhecidos pela maioria dos barões, mas foram contestados por Maria de Antioquia, que acabou por vender os seus a Charles d'Anjou em 1277. Por morte de Charles d'Anjou em 1285, o direito à coroa foi devolvido a Chipre, mas durante oito anos as diferentes autoridades da Terra Santa permaneceram divididas entre si por duas obediências feudais, e toda política em comum se tornou impossível.

Os estabelecimentos da Palestina dependiam portanto, sempre e cada vez mais, *do socorro do Ocidente*. Mas a Oitava Cruzada, novamente dirigida por Luís IX, em lugar de atacar o Egito, desembarcou em Tunis, onde morreu o rei (1270); seu irmão, Charles d'Anjou, rei da Sicília desde 1268, retirou a expedição e retornou para a Europa, depois de haver assinado um tratado favorável aos interesses sicilianos. A última das grandes cruzadas ofereceu assim um novo exemplo de desvio. Sozinho, o príncipe Eduardo da Inglaterra, recém-chegado a Tunis, sabendo da conclusão da paz, levantou âncora para a Terra Santa e obteve do sultão Baibars a renovação da trégua. Só que agora os estabelecimentos cristãos ocupavam apenas uma pequena faixa costeira que ia do castelo dos Peregrinos até Lataquiê; os próprios territórios das senhorias que ainda se mantinham eram algumas vezes partilhados com o sultão; a construção e mesmo restauração das fortalezas estava proibida, e haviam sido feitas promessas de advertir o sultão por ocasião da chegada de qualquer nova cruzada. Eleito papa enquanto se achava em peregrinação em São João d'Acre, Gregório X fez tudo que se achava a seu alcance para renovar as cruzadas. Opondo-se aos projetos antibizantinos de Charles d'Anjou, ele obteve justamente o contrário; por ocasião do concílio de Lyon (1274), promoveu a união da Igreja Grega com Roma e fez com que os grandes soberanos do Ocidente aceitassem tomar a cruz, esperando além disso, graças a alianças estabelecidas tanto com os bizantinos como com os próprios mongóis, lutar de forma eficaz contra os mamelucos. Mas, após sua morte, seus sucessores favoreceram mais os planos de Charles d'Anjou, que desejava assumir a hegemonia de todo o mar Mediterrâneo. As Vésperas Sicilianas (1282) foram o único acontecimento que terminou por abortar a cruzada antibizantina, que mais uma vez havia desviado o objetivo de levar socorro à Terra Santa.

Em 1281, uma nova invasão mongol na Síria reanimou, pelo menos no espírito de alguns, os projetos de aliança apresentados por uma série de embaixadas pontifícias ou dos países ocidentais, os quais se sucediam em vão desde 1264. Mas o *bailio* angevino estabelecido em São João d'Acre permaneceu neutro, favorecendo assim a vitória dos mamelucos em Homs. A trégua foi renovada entre o Egito de um lado e Acre e Trípoli do outro. Todavia, os armênios e os Cavaleiros hospitalários haviam apoiado abertamente os mongóis; desse modo, o novo sultão Kalaum decidiu acabar definitivamente com os estabelecimentos cristãos da costa, sempre propensos a servir de base aos mongóis contra seu próprio reino, e iniciou, a partir de 1285, um projeto de conquista sistemática. Começando pelos territórios que não estavam cobertos pela trégua, ele conquistou Marcabe dos Cavaleiros hospitalários (1285) e a seguir Lataquiê (1287); logo após, rompendo a trégua, tomou Trípoli (1289) para onde, segundo se afirma, fora chamado pelos próprios venezianos. Em 1290, Veneza e o rei de Aragão enviaram socorros a Acre, aonde chegou também uma tropa indisciplinada de lombardos e de toscanos; esses aventureiros, que afirmavam ser cruzados, começaram a massacrar os comerciantes muçulmanos que viviam na cidade e forneceram assim um pretexto para a intervenção decisiva. Após um assédio de quatorze dias, apesar da resistência corajosa das ordens militares, dos contingentes franceses e ingleses e de reforços enviados de Chipre, a cidade foi tomada em 18 de maio de 1291; a própria cidadela, defendida ferozmente pelos templários, foi conquistada dali a dez dias, em 28 de maio. Todos os cristãos que não puderam fugir nos barcos venezianos ancorados no porto foram mortos ou reduzidos à escravidão. As últimas praças-fortes francas (Tiro, Sidon, Beirute, Tortosa e o castelo dos Peregrinos) capitularam ou foram evacuadas durante o verão e a seguir arrasadas. Aos cristãos do Ocidente restou somente a base de Chipre, que haveria de resistir constantemente aos mamelucos e só acabou por ser conquistada em 1571 pelos turcos, embora conservassem o apoio da Armênia Ciliciana (conquistada pelos egípcios em 1375). Nunca mais os cristãos conseguiram fincar pé na Terra Santa: as cruzadas passaram à terra das lendas e da utopia.

V. Projetos e tentativas de cruzadas no decorrer dos séculos XIV e XV

Nunca se falou tanto em cruzadas como depois da queda das derradeiras bases cristãs na Terra Santa. Já no final do século XIII, o franciscano Fidêncio de Pádua, que redigiu um "conselho" ao papa reinante, havia sugerido o bloqueio comercial do Egito, que seria supervisionado por uma frota europeia internacional, e o desembarque de um exército na Síria Setentrional, que uniria forças com os mongóis. A expedição armada, que formava até então o coração das cruzadas, se havia tornado apenas mais um elemento de uma política mais vasta. Uma série de projetos posteriores constituíam somente variações sobre os mesmos temas. Carlos II de Nápoles (1291), o missionário dominicano Guillaume Adam e Henrique II de Chipre (1311), além do veneziano Marino Sanudo, em seu manuscrito *Secreta fidelium crucis* [Segredos dos fiéis da cruz], também propuseram o bloqueio do Egito por uma frota – exclusivamente veneziana segundo Sanudo, internacional e pontifícia de acordo com os outros autores. Também foi feita finalmente a necessária fusão das ordens militares, cujas rivalidades haviam causado tanto mal às cruzadas até então. O documento de união, redigido pelos juristas do rei da França, Guillaume de Nogaret e Pierre Dubois, não foi composto sem segundas intenções, o que fez com que nunca chegasse a ser assinado; mas outros efetivamente sonhavam com uma *nova religio* [religião renovada], uma ordem única, forte o bastante para realizar os objetivos de uma nova cruzada.[23] Esse mito inspirou a criação de numerosas ordens de cavalaria, como a Ordem da Espada, fundada por Pierre de Lusignan, a Ordem da Paixão, criada por Philippe de Mézières, e finalmente grupos mais românticos, como a Ordem do Tosão de Ouro.[24] Mas os votos cavalheirescos passaram a ser simplesmente divertimentos cortesãos: no Banquete do Faisão, em Lille, realizado em 1454, os cavaleiros borguinhões rivalizaram em proezas verbais contra

---

23. Até a época da Reforma religiosa do século XVI, o termo "religião" era empregado em seu sentido estrito de "nova ligação", isto é, um conjunto de regras para levar os homens de volta à união com Deus; cada ordem religiosa possuía a sua Religião, que era um sinônimo corrente para "Regra", e era comum franciscanos, beneditinos, dominicanos e outros se referirem aos monges ou seculares de outras ordens como "não sendo da nossa religião", sem que isso implicasse por um só momento que duvidavam que os outros fossem católicos. (N.T.)

24. Alusão ao Tosão ou Velocino de Ouro, objetivo da expedição lendária dos Argonautas da Grécia pré-histórica ao mítico reino da Cólquida, um pelego de lã de ouro que era guardado por um dragão de sete cabeças. (N.T.)

os turcos ou os sarracenos, sinal de que o tema da cruzada se tornara um simples divertimento.

Todavia, no decorrer do século XIV, os temas evocados não eram simplesmente letra morta, e as três grandes ideias da cruzada (bloqueio comercial do Egito, aliança com os mongóis e fusão das ordens) correspondiam algumas vezes à realidade. De fato, desde 1179, o papa havia proibido o comércio com os muçulmanos sob pena de interdito; ao longo do século XIV, a proibição do comércio com o Egito – acima de tudo, a exportação de material de guerra – foi renovada sem cessar e de novo permitida abertamente, graças a dispensas concedidas por novos pontífices.

De fato, a "nova cruzada", ainda que conservasse as formas jurídicas das cruzadas anteriores e permanecesse teoricamente destinada à defesa dos cristãos do Oriente oprimidos pelos muçulmanos, servia apenas como ocasião para uma coalizão, em geral provisória, dos estados cristãos para a defesa de seus interesses comuns, comerciais e políticos, no mar Mediterrâneo. Em 1310, uma cruzada, pregada e financiada pelo papa de então, conquistou a ilha de Rhodes – base estratégica tão importante quanto o Chipre –, cuja defesa foi confiada aos Cavaleiros hospitalários. A partir da ilha, sua frota lutou firmemente contra a pirataria turca e, em 1345, sustentou a "Cruzada do Arquipélago", uma liga marítima de estados italianos que conseguiu conquistar o porto e a cidade de Esmirna, na Turquia. Em 1365, o rei de Chipre, Pierre I, conseguiu capturar Alexandria, no Egito, mas sua "cruzada" só teve o efeito de prejudicar os interesses dos comerciantes europeus e sobretudo dos cristãos asiáticos que residiam nas terras dominadas pelos mamelucos. Uma ação conjunta com os mongóis talvez tivesse tido melhores possibilidades de sucesso: o Il-Khanida Argum, que estabelecera seu canato no Irã, havia efetivamente trocado uma série de embaixadas com o papa Nicolau IV (1288-1292); seu sucessor, apoiado pelos armênios, pelos Georgianos, pelo rei de Chipre e pelos Cavaleiros hospitalários, empreendeu uma série de expedições na Síria, entre 1299 e 1302, porém sem conseguir sucessos duráveis. Finalmente, toda esperança de recuperar uma base na Síria acabou por ser abandonada. Pouco tempo depois, os Cavaleiros Templários, condenados por heresia pelos tribunais eclesiásticos franceses, foram suprimidos pelo Concílio de Vienne, França, em 1311, mas as riquezas da ordem, em vez de serem entregues a seus rivais, os Cavaleiros hospitalários, como estes esperavam, com o objetivo de financiarem outra cruzada, foram confiscadas pelo tesouro real francês.

No século XIV, as cruzadas se transformaram em um pretexto fiscal para os reis da França e da Inglaterra e um elemento central da ideologia monárquica francesa, que retomou nesse ponto as pretensões dos imperadores germânicos. A partir dessa época, todos os reis da França, de Felipe, o Belo a Felipe Sexto, tomaram a cruz, mas sem jamais partirem para o Oriente, contentando-se em apoiar os projetos antibizantinos de Charles de Valois, até o momento em que as hostilidades com a Inglaterra impediram verdadeiramente qualquer partida. O avanço dos turcos otomanos na Ásia Menor (tomada de Brussa em 1326; de Nicomédia, em 1328; de Niceia, em 1330), seguido por conquistas na Europa (Andrinopla, em 1362), encerrou os projetos antibizantinos. A partir do final do século XIV, a cruzada deixou de ser concebida como uma guerra de libertação da cristandade oriental, tornando-se uma guerra defensiva da cristandade europeia ameaçada pelos turcos. Em 1396, uma cruzada formada por contingentes recrutados em toda a Europa veio em socorro do rei da Hungria, mas a imprudência dos cavaleiros ocidentais, mais interessados em realizar proezas do que em estratégia ou cumprimento de ordens, acabou por provocar a derrota de Nicópolis. Um pequeno contingente francês, sob o comando de Boucicaut, conseguiu retomar Gallipoli e desbloquear Constantinopla (1399) mas, de fato, foi apenas a vitória do cã mongol Tamerlão sobre o sultão turco Bajazet, em Ancara, que retardou a conquista turca. Na esperança de receberem socorros efetivos do Ocidente, os últimos imperadores bizantinos buscaram a união [da Igreja Ortodoxa] com

Roma. Tal união, proclamada enfim no concílio de Florença (1439), foi rejeitada pelo clero grego e, de fato, não serviu em nada para impedir a queda de Constantinopla (1453). A última cruzada, vinda em socorro da Hungria, que derrotara os turcos em Niš [Niche], no ano de 1443, foi esmagada no ano seguinte em Varna (1444). Os apelos posteriores do papado, principalmente de Pio II (1458-1464) ou de Leão X (1512-1517), para uma "passagem geral" contra os turcos, permaneceram praticamente sem efeito. Todavia, de certo modo, a cruzada foi recuperada na Espanha (tomada de Granada, em 1492) e depois pelo imperador Carlos V e a dinastia dos Habsburgos (defesa de Viena, Áustria, em 1529 o cerco de Tunis, em 1535). A palavra e alguns dos mecanismos da cruzada sobreviveram momentaneamente na batalha naval de Lepanto (1571), nos cercos de Cândia, em Creta (1579) e no segundo cerco de Viena, Áustria (1683), mas estavam longe de obter o imenso apoio popular prestado ao movimento em suas origens.

Capítulo IV

As estruturas das cruzadas

Nem todos os cruzados tomavam parte forçosamente em uma cruzada militar: ao lado das grandes expedições e de outras "passagens gerais" menos conhecidas, as passagens regulares bianuais conduziam à Terra Santa peregrinos que realizavam isoladamente ou em pequenos grupos os seus votos de cruzados. A realidade das cruzadas é, portanto, multiforme, e suas estruturas só são discernidas com bastante dificuldade. Aqui somente serão incluídas suas grandes características gerais; aliás, sobre essas questões, ainda são necessários muitos estudos e pesquisas.[25]

I. A preparação: pregação, organização e financiamento

A iniciativa de convocar uma cruzada, na maioria das vezes, pertencia ao papa reinante. Era ele que decidia a data da "passagem" e que instituía ou renovava os privilégios concedidos aos participantes por meio de uma "bula" que determinava a cruzada. Algumas vezes, essa iniciativa era completamente formal, e a função decisiva era de um soberano secular que a precedia ou solicitava – como no caso de Luís IX, cujo primeiro voto foi anterior à bula de 1245 e que tomou a cruz por vontade própria, em 1267, após ter informado sua decisão ao papa.

Seja como for, o papa era o chefe espiritual da cruzada: ele a pregava pessoalmente ou confiava sua *pregação* a eclesiásticos autorizados, muitas vezes a legados pontifícios.

---

25. Numerosos estudos foram consagrados a esses ou aqueles aspectos institucionais, políticos ou militares das cruzadas. Os volumes V e VI da *History of the Crusades (The Impact of the Crusades on the Near East and on Europe)* tratam da maior parte dessas questões por meio de contribuições dispersas e desiguais. (N.A.)

No século XII, era preciso realmente refrear o ardor dos pregadores populares, que continuaram a exercer uma função muito importante depois da Primeira Cruzada. São Bernardo de Clairvaux teve de ir à Alemanha combater os excessos de Raul, o Eremita, anteriormente um monge da abadia de Clairvaux. Entre a segunda e a quarta cruzadas, muitas vezes os monges de Cister foram encarregados de pregar nas igrejas, através da delegação dos poderes conferidos aos legados papais. A partir do século XIII, ao contrário, o papel de auxiliar coube aos monges das ordens mendicantes. Em seu tratado, *De predicatione crucis*[26], o antigo superior-geral dos Dominicanos, Humbert de Romans, conselheiro de Luís IX, codificou os principais temas de peroração e até mesmo forneceu respostas para as eventuais críticas. De fato, estas se tornaram muito mais numerosas no século XIII, porque a pregação da cruzada agora era acompanhada pela venda de indulgências.

Esses privilégios espirituais (veja adiante, no Capítulo V) não eram os únicos; a partir do século XII, o papado determinava também *o estatuto do cruzado* por meio de uma série de privilégios materiais. Pelo privilégio da cruz, definido em 1145 (através da bula *Quantum praedecessores* [Na proporção em que os precedentes], a primeira bula a convocar uma cruzada), o cruzado, sua família e seus bens eram colocados sob a proteção da Igreja: o titular era retirado da jurisdição laica e dependia doravante somente dos tribunais eclesiásticos; nem seu senhor, nem o rei poderiam exigir mais dele ajuda ou impostos; enquanto estivesse no caminho da peregrinação, a hospitalidade lhe era devida e nenhum pedágio lhe poderia ser cobrado. Mais ainda, pela duração de sua participação da cruzada, o pagamento de juros por empréstimos contraídos era suspenso, e uma moratória autorizava ao cruzado somente pagar suas dívidas depois que retornasse. Desse modo, uma cruzada estendia consideravelmente os poderes da jurisdição eclesiástica; para fazer

---

26. "A respeito da pregação da cruz", em latim no original. (N.T.)

respeitar os regulamentos que havia promulgado unilateralmente, a Igreja utilizava suas armas espirituais (excomunhão e interdito eram as principais), cuja eficácia foi diminuindo progressivamente no decorrer do século XIII, tornando-se necessário recorrer cada vez mais ao braço secular.[27] Mas o poder secular protestava contra essas usurpações da Igreja que o privavam de recursos financeiros e militares; ainda no século XIV, o rei da França fixou por decreto o número de cavaleiros que autorizaria a participar da cruzada de Louis de Bourbon contra Mahdia (1390). Consciente desde a origem da emissão do documento de que estava provocando um conflito de poderes, Urbano II especificou na bula que todo vassalo deveria obter primeiro o assentimento de seu suserano antes de se comprometer com o voto. Foi por insistência das potências leigas, temerosas de perderem suas forças em favor da Terra Santa, que Eugênio III autorizou as primeiras cruzadas europeias, em Castela e nos países eslavos, contra mouros e pagãos. A cruz não era concedida a todos indistintamente: após a derrota da Segunda Cruzada, a tendência eclesiástica foi reservar a concessão exclusivamente para homens em condições de portar armas. Entretanto, durante um certo período do século XIII, a cruz passou a ser dada ou até mesmo imposta aos "inaptos": mulheres, doentes e pobres[28], os quais eram obrigados em seguida a resgatar seu

---

27. O interdito significava a suspensão de todas as atividades religiosas em determinado território; enquanto a excomunhão penalizava apenas o infrator, o interdito era estendido a todo um território, de uma senhoria a um reino inteiro, tendo sido mesmo aplicado ao Império Romano-Germânico. Isso se destinava a fazer o povo e os nobres pressionarem o infrator para que se submetesse ao papado, como acabou por fazer Henrique IV em Canossa, quando o imperador teve de subir ao mosteiro em burel de monge, caminhando descalço sobre a neve, e esperar do lado de fora por dois dias até que o papa se dignasse a recebê-lo. Aos poucos, a lei foi sendo abrandada, especialmente com relação aos nobres e aos ricos. (N.T.)
28. Que não tinham condições de se armar, porque as armas e equipamentos eram muito dispendiosos. (N.T.)

voto por uma importância em dinheiro ou espécie variável de acordo com as circunstâncias. Desse modo, a aplicação sutil da legislação eclesiástica tornou-se uma fonte de lucro para a Igreja.

Inicialmente, o financiamento das cruzadas era obtido às custas dos próprios cruzados. Durante a Primeira Cruzada, conforme descreve o cronista Gilbert de Nogent, o desejo de partir era tão grande que os cruzados vendiam todos os seus bens pelo que conseguiam e provocaram assim uma queda catastrófica nos valores imobiliários. Para obter dinheiro, os barões vendiam suas terras ou as entregavam em penhora às comunidades eclesiásticas. Foi a Primeira Cruzada que provavelmente mais contribuiu para aumentar a extensão das terras eclesiásticas em algumas regiões, ao mesmo tempo que mobilizava a liquidez de metais e outros valores até então conservados em tesouros e aumentava a massa monetária em circulação, o que favoreceu o comércio. Ainda neste caso, houve extensão dos privilégios eclesiásticos: os cruzados eram autorizados a penhorar suas terras à Igreja, ainda que, dentro do direito feudal, os feudos devessem retornar sempre a seu senhor. Mas essas vendas não deram lucros somente à Igreja. Em 1101, por exemplo, o visconde de Bourges, Eudes Arpin, vendeu suas terras e até seu título ao rei Philippe I, permitindo à dinastia dos capetos ocupar pela primeira vez um território ao sul do rio Loire.

A esses meios excepcionais, no transcurso do século XII, foi acrescido um meio regular: o senhor passou a exigir de seus vassalos a *ajuda* (uma contribuição em dinheiro) para financiar sua partida para a cruzada. Com os outros três *casos* de contribuição extraordinária justificada pela cruzada (resgate do senhor, "arranjo" – equipamento – de seu filho e dote de sua filha), as cruzadas deram ocasião, se não foram a causa direta, ao acréscimo nas finanças senhoriais pelo aumento de suas rendas monetárias. Também os reis recolhiam contribuições: inicialmente em 1166, depois em 1183 e 1185, Luís VII, seu filho Luís VIII e Henrique II exigiram a coleta de um ou dois "dinheiros" por libra de bens a serem contribuídos para a defesa da cristandade em Jerusalém. Mas o principal imposto para a cruzada foi o *dízimo de Saladino*, cobrado em 1188 sobre os bens móveis e as rendas de todos os súditos na França e na Inglaterra. Desde a *ajuda*, que fora cobrada de alguns de seus vassalos em 1147 por Luís VII, chegamos ao imposto que Felipe Augusto se esforçou por manter depois que retornou da Terra Santa.

De maneira semelhante, a Igreja passou da coleta de donativos para o imposto. Para a Quarta Cruzada, uma expedição dupla em tantos sentidos, as duas formas coexistiram: enquanto pregava, Foulques de Neuilly recolhia donativos que seriam depois transmitidos por Citeaux para a Terra Santa, enquanto Inocêncio III, ao mesmo tempo em que prescreveu que em cada igreja fosse colocado um cofre para recolher as oferendas dos fiéis para a cruzada, impôs pela primeira vez que tanto o clero secular como o regular contribuíssem com a quarta parte de suas rendas (1199), embora permitisse que os cardeais contribuíssem somente com a décima. De fato, o nome de *décimas* se identificou daí para a frente com essas taxas que, naturalmente, foram encaradas com hostilidade pelo clero desde a primeira vez que foram impostas. Primeiro os cistercienses e depois as demais ordens monásticas conseguiram sua isenção. As décimas se tornaram prática corrente durante o século XIII; sendo a percentagem das taxas e a duração de sua coleta bastante variáveis (na França, foi cobrado um vigésimo durante três anos em 1215 e um décimo durante cinco anos a partir de 1225; na Inglaterra, também em 1225, foi cobrada uma décima quinta parte; um vigésimo em 1245, um centésimo durante cinco anos em 1263 e um décimo por seis anos em 1274), elas tornaram necessária a criação de uma administração financeira especializada. Inicialmente, eram coletadas pelos bispos sob o controle dos legados papais; mais adiante, estes se tornaram coletores-gerais e passaram a nomear seus próprios cobradores. Os legados papais também se esforçaram por reunir outros recursos: os "legais", os resgates de votos e os donativos, todos recompensados por indulgências proporcionais. A hostilidade do clero ao pagamento das décimas cresceu progressivamente: foram necessárias ameaças frequentes e algumas vezes o apoio do braço secular às cobranças – ou as súplicas de um papa, como Gregório X – para que fossem finalmente obtidos, ao mesmo tempo que os leigos acusavam os eclesiásticos de estarem se enriquecendo às custas daqueles.

> O que foi feito dos dinheiros recolhidos,
> Que pelos jacobinos e frades menores
> Foram recebidos como testamento...?
> Que os clérigos também, trabalhadores,
> Coletaram em um grande ajuntamento,
> Para que os exércitos de Deus fossem mantidos?
> Eles tiveram bem diverso resultado,
> De suas riquezas foram o fundamento
> E Deus continuou lá, ainda pelado...[29]

Na realidade, o dinheiro que foi recolhido desse modo foi, em geral, utilizado mesmo para o financiamento das cruzadas. O vigésimo coletado em 1215 foi enviado diretamente ao legado na Terra Santa, encarregado de distribuir o dinheiro entre os cruzados. Normalmente, o dinheiro recolhido era enviado diretamente ao chefe da cruzada; desse modo, em 1245, foi Luís IX que recebeu o produto do vigésimo coletado na França, na Lorena e na Borgonha; em 1268 também lhe entregaram o produto das décimas. Mas, em certos casos, determinadas autoridades empregaram tais somas para seus próprios objetivos. Os próprios papas desviaram os recursos recolhidos para outros fins em determinadas ocasiões. O resultado da cobrança das décimas aos eclesiásticos franceses, destinada a financiar a cruzada contra os albigenses,

---

29. Rutebeuf, *Complainte de Constantinople* [A queixa de Constantinopla] *"Que sont les deniers devenus / Qu'entre Jacobins et Menus / Ils ont reçu de testament... / Et de clercs aussi faitement / Dont ils ont grand rassemblement / Dont l'ost de Dieu fut maintenu? / Mais ils le font tout autrement / Qu'ils em font leur grande fondement / Et Dieu reste là, outre nu...".* (N.A.)

foi empregado por Gregório IX para pagar uma parte das despesas de sua guerra contra Frederico II. Assim, o próprio papado, empregando o produto das décimas em "cruzadas políticas" confirmou a ideia corrente na opinião pública, se é que não deu origem a ela, de que os fundos eram desviados para outros fins, e contribuiu de certo modo para enfraquecer a causa das cruzadas.

II. O encaminhamento: Aquisição de provisões e equipamentos e transporte das tropas e do dinheiro

As necessidades de uma expedição a lugares tão longínquos impunham encargos financeiros crescentes: de fato, os primeiros cruzados tomaram o caminho de terra, pouco seguro, mas também pouco oneroso; mas a partir do final do século XII, quase todos preferiram o transporte marítimo, uma solução mais segura, porém bastante mais dispendiosa. A principal *rota terrestre*, que era seguida tradicionalmente pelos peregrinos, descia pelas margens do Danúbio até Belgrado e subia pelas do rio Morava até Niš [Niche]. A partir daí, tomava-se a estrada para Tessalônica e seguia-se pela costa marítima até a Trácia; ou então, começando ao norte de Ródope, seguia-se por Sófia, Filipópolis e as margens do rio Maritza até chegar a Andrinopla e Constantinopla, em que as duas rotas se reúniam. Os cruzados do sul da Europa também atravessavam os Bálcãs pela Via Egnatia, uma antiga estrada romana, que liga Dirráquion (Durazzo) a Tessalônica. Os exércitos das duas primeiras cruzadas e o de Frederico I atravessaram assim todos os territórios europeus do Império Bizantino, cujo imperador se comprometera a lhes garantir acampamentos e provisões. Além dos conflitos originados pelas promessas de provisões que não foram sempre cumpridas ou que, algumas vezes, foram recusadas como represália pelos saques e outros excessos realizados por parte das tropas, os cruzados também encontravam dificuldades em questões de câmbio. Munidos das moedas cunhadas no Ocidente – muitas vezes foram encontrados pequenos tesouros em moedas ocidentais dos séculos XII e XIII, enterrados por um motivo ou outro ao longo das rotas que eles seguiam através dos Bálcãs –, eles só conseguiam trocar suas moedas por dinheiro bizantino a taxas desfavoráveis, embora algumas vezes fossem feitos acordos com as autoridades para fixar taxas de câmbio aceitáveis. A marinha bizantina garantia o transporte das tropas para o outro lado dos estreitos. Na Ásia Menor, a rota principal passava por Dorileia, Amório e Icônio, atravessando território turco, e era necessário carregar víveres para vinte dias. Frequentemente as provisões eram insuficientes, havia falta de água e os cavalos e burros morriam em grande número. A Primeira Cruzada e Frederico I seguiram essa rota, ao preço de perdas consideráveis devidas à fome e aos ataques turcos. Na Segunda Cruzada, Luís VII e Otto von Freising escolheram uma rota menos direta, mais próxima do mar, em que barcos ou aldeias bizantinas ainda os podiam aprovisionar, pelo menos parcialmente, mas as perdas sofridas na passagem das montanhas infestadas por destacamentos turcos entre Laodiceia e Atália e a falta de cavalos obrigaram Luís VII a embarcar para Antioquia com seus cavaleiros.

Essas dificuldades, que podiam provocar o fracasso de uma cruzada muito antes de chegar à Terra Santa, levaram a maioria a preferir a *rota marinha* a partir do final do século XII, apesar do medo que a navegação inspirava a muitos – justificadamente, naqueles tempos. A partir do final do século XI, peregrinos e cruzados da Europa setentrional, especialmente da Escandinávia e da Inglaterra, se dirigiam à Terra Santa por via marítima, desde o mar do Norte, contornando a península Ibérica, em que desembarcavam algumas vezes, consoante suas necessidades. De fato, o único sucesso da Segunda Cruzada foi a tomada de Lisboa por uma frota de cruzados ingleses e flamengos. A partir do começo do século XII, as armadas das cidades comerciais italianas, primeiro Gênova, depois Pisa e Veneza, se encarregaram de aprovisionar os cruzados e ajudaram na tomada das cidades das costas palestinas, além de transportarem regularmente os peregrinos em duas passagens anuais, na primavera e no outono. No fim do século, foram suas frotas que transportaram as "passagens gerais"; ainda que Ricardo Coração de Leão tivesse se valido exclusivamente de barcos anglo-normandos e bordaleses, Felipe Augusto precisou apelar para Gênova, que se comprometeu a garantir a travessia de 650 cavaleiros, 1.300 escudeiros e a quantidade correspondente de cavalos, além de garantir-lhes o abastecimento durante oito meses, em troca de 5.850 marcos de prata (1.400 quilos), o que correspondia a mais ou menos 1,8 milhão em "dinheiro" de cobre. O tratado concluído por Villehardouin em Veneza previa a passagem de 4.500 cavaleiros com suas montadas, nove mil escudeiros e vinte mil "sargentos" de infantaria e a garantia de seu aprovisionamento durante nove meses, ao preço de quatro marcos de prata por cavalo e dois marcos por pessoa, em um custo total de 85 mil marcos (cerca de vinte toneladas de prata). Os venezianos construíram uma frota especialmente para esse fim; esta era formada por *dromos* (navios de guerra a remo e vela), *galés* (galeras), *nefs* ou *naves* (grandes navios, capazes de transportar várias centenas de passageiros) e *huissiers* [transportes] para a travessia dos cavalos. No século XIII, os tratados de passagem dependeram mais do aluguel de um certo número de navios a preço pré-fixado. Luís IX alugou dezesseis barcos em Gênova e vinte em Marselha no ano de 1246 e um número semelhante em 1269. No primeiro caso, a frota era comandada por dois almirantes genoveses, no segundo por um único almirante francês e os tratados deixavam ao rei inteira liberdade de manobra. As experiências anteriores, portanto, haviam aperfeiçoado a organização do transporte das passagens gerais e, principalmente, seus meios de financiamento.

Efetivamente, no século XII, os cruzados levavam consigo moedas ocidentais e as trocavam ao longo da estrada com um certo grau de dificuldade. No século XIII, somas importantes ainda são transportadas para o Oriente Próximo, com frequência nas próprias embarcações das ordens militares, que garantem sua guarda, juntamente com a de fundos particulares que lhes eram confiados por cruzados. Em 1250, entretanto, o almirante Joinville precisou obrigar o tesoureiro da Ordem do Templo a pagar, por conta desses fundos, o resto da soma devida para o resgate do exército. Na mesma cruzada, ocorreram verdadeiras operações bancárias: durante a estadia do rei Luís IX na Terra Santa, os genoveses lhe emprestaram mais de cem mil libras tornesas, em troca de ordens de pagamento assinadas pelo rei contra seu tesouro em Paris. As ordens de pagamento enviadas a Gênova eram resgatadas por uma companhia sediada em Placência que, por intermédio de seus representantes nas feiras de Champanha, fazia a cobrança em Paris. Os placentinos pagavam imediatamente aos genoveses contra a recepção das ordens de pagamento: este é o primeiro exemplo de desconto de duplicatas conhecido na história econômica europeia. Durante o câmbio se acrescentava o juro do empréstimo, e se calculou que os genoveses ganhavam da França cerca de 20% em cada operação. Já na Segunda Cruzada, os templários haviam emprestado a Luís VII, durante sua estada na Síria, somas que lhes eram pagas em Paris e, a partir da metade do século XII, os "peregrinos" depositavam somas em dinheiro nas tesourarias das residências europeias dos templários e recebiam somas correspondentes na Terra Santa. As riquezas de que a Ordem do Templo dispunha dos dois lados do Mediterrâneo lhe permitiam evitar a sempre arriscada transferência real da moeda por via marítima. Desse modo, as cruzadas com certeza favoreceram o desenvolvimento das práticas bancárias e principalmente deram origem pela primeira vez e já em grande escala ao uso da caixa de compensação para a regulação dos pagamentos internacionais.

III. A organização militar das cruzadas
(efetivos, comando, estratégia, táticas)

Não se podem comparar as pequenas tropas de algumas centenas de homens conduzidas por grandes senhores que se haviam tornado cruzados com as passagens mais importantes, que agrupavam muitas dezenas de milhares de cavaleiros e infantes. O estudo dos cronistas da Primeira Cruzada nos leva a estimar os efetivos chegados em Constantinopla na ordem de doze mil cavaleiros, acompanhados por cerca de cem mil soldados a pé (os "sargentos", como eram chamados os soldados de infantaria), além de quinze mil não combatentes, um conjunto considerável, que fora reduzido de dois terços quando de sua chegada a Jerusalém. Os tratados concluídos depois para o transporte de tropas nos informam melhor sobre os efetivos engajados. Felipe Augusto leva consigo 650 cavaleiros e 1.300 escudeiros. Ricardo Coração de Leão conduz um número equivalente. A cruzada de Luís IX, em 1248, contava com cerca de quinze mil homens, dos quais 2.500 eram cavaleiros. As maiores cruzadas raramente incluíram mais de dez milhares de combatentes. A impressão de "multidões inumeráveis" deixada pelas duas primeiras cruzadas era devida à grande proporção de não combatentes (peregrinos pobres, sem armas ou mal equipados, irregulares como os chamados *Ribauds* [Lascivos] ou Tafurs [Patifes]), que só serviam para atrapalhar, retardando o avanço ou mesmo comprometendo a cruzada pelos desmandos que cometiam.

Depois da Segunda Cruzada, as autoridades se esforçaram para impedir a partida dos não combatentes. No século XIII, as cruzadas eram compostas, em sua maioria, de militares por vocação – cavaleiros de todas as camadas da nobreza, dos "grandes homens" aos "cavaleiros pobres", como Robert de Clari – ou profissionais, os "sargentos" de cavalaria ou de infantaria, os balestreiros e outros infantes que combatiam por soldo. O elemento popular não mais era integrado nas cruzadas, a não ser na qualidade de mercenários. As únicas cruzadas "populares" dos séculos XIII e XIV são os movimentos "selvagens", como a "Cruzada das Crianças" francesas e alemãs, em 1212, as tropas de pastores franceses de 1250 e de 1320 e outras "emoções" que conduzem "para Deus" multidões fracas e desarmadas, mais desejosas de viver e morrer com Cristo do que libertar a Terra Santa.

Os exércitos das cruzadas não têm estruturas originais. Sempre foram exércitos feudais, reunindo os contingentes vindos de uma senhoria, de um principado ou de uma determinada monarquia, que conservavam suas individualidades até mesmo em batalha.[30] Chegou a acontecer, durante o século XIII, a imposição de um legado papal pelo uso de cruzes de cores diferentes de acordo com as nacionalidades, simbolizando uma oposição que, de fato, já se havia manifestado muitas vezes anteriormente. Atiçadas pela presença de seus soberanos, disputas sangrentas já haviam separado franceses e alemães em 1149 ou franceses e ingleses em 1190; uma verdadeira batalha chegara a ocorrer entre franceses e venezianos durante a tomada de Zara, e os diversos contingentes da Quinta Cruzada, que passavam às turras, tiveram de ser alojados em acampamentos separados durante a campanha de Damieta. Os reis ou imperadores cruzados se consideravam chefes de exércitos independentes e somente um acordo acertado entre eles podia permitir a realização de operações conjuntas. Durante a Primeira Cruzada, a direção do exército dependia do Conselho dos Barões, que raramente conseguia conciliar os pontos de vista opostos de Bohémond e de Raymond de Saint-Gilles, especialmente após a morte do legado papal, Adhémar de Monteil, cuja autoridade moral ultrapassava os poderes espirituais que o papa lhe confiara. O Conselho dos Barões permaneceu sendo o centro das decisões, mesmo quando haviam eleito um chefe, como ocorreu na Quarta Cruzada; Luís IX ainda consultava os pareceres de seu conselho, mas depois passou a seguir as opiniões de uma minoria de sua maior confiança, até que, em 1250, somente Joinville e o conde de Jaffa lhe haviam "aconselhado que permanecesse". Na Quinta Cruzada, o conselho, agora formado por representantes dos cruzados de todos os países cujos contingentes se achavam envolvidos, reconheceu inicialmente a autoridade do rei de Jerusalém; mas, a seguir, o legado papal Pelayo quis impor-se a ele, assumindo a total

---

30. Veja o mapa da Batalha de Arsufe, p. 56. (N.A.)

autoridade em nome da Igreja. Sua atitude intransigente fez com que lhe atribuíssem, e com plena razão, a responsabilidade pelo fracasso da cruzada. Na verdade, com exceção dele, os legados papais que acompanhavam as expedições, em geral dois, nunca ultrapassaram assim as funções espirituais que o papa reinante lhes atribuíra, deixando a condução militar da cruzada nas mãos dos leigos.

Os *objetivos militares* das cruzadas foram, inicialmente, bastante simples: encorajados ou mesmo forçados pelos "peregrinos pobres", os barões da Primeira Cruzada só pretendiam marchar o mais depressa possível à conquista de Jerusalém, sem ao menos se preocupar com a garantia de suas linhas de comunicação com Antioquia. Seu progresso e seu reabastecimento dependiam então da boa vontade dos emires árabes, que lhes permitiram a passagem sem combate, mas principalmente do socorro que os navios italianos lhes traziam. Todavia, depois da conquista de Jerusalém, foi difícil conservar os homens a seu serviço: realizada a peregrinação e a conquista da cidade santa, os cruzados se consideraram liberados de seus votos. Já no princípio do século XII, passou a ser necessário conceder uma indulgência especial àqueles que se dispunham a passar um ano inteiro em serviço militar na Terra Santa.

De um modo geral, os cruzados se submetiam às ordens do rei de Jerusalém ou de outros soberanos; a ajuda do rei Sigurd da Noruega foi necessária para a captura do porto de Sidon. A colaboração foi bastante inconstante entre os soberanos que participaram da Segunda Cruzada; em lugar de atacarem Alepo, como lhes pedira o príncipe de Antioquia, os cruzados marcharam diretamente para Damasco, onde surgiram novos desentendimentos em razão da atribuição eventual da cidade a um dos novos cruzados ou a um dos barões que já se achavam na Síria. No século XIII, quando as condições políticas reinantes no Oriente Próximo já eram mais bem conhecidas, as cruzadas deixaram de ser simples peregrinações armadas para se tornarem reais expedições militares cujos objetivos eram sabidos por todos de antemão. Em 1201, os cruzados e os venezianos concordaram que "iriam primeiro à Babilônia[31], porque seria mais fácil destruir os turcos a partir de Babilônia do que a partir de outras terras". Efetivamente, os cruzados que tomaram Damieta logo receberam a oferta de uma troca do porto egípcio pela devolução de Jerusalém; essa estratégia, que teria sido tão bem fundamentada, fracassou por eles terem abandonado as negociações em troca da impossível conquista do Cairo. Os principais resultados obtidos no século XIII foram os das negociações de Frederico II em 1229 e de Richard de Cornualha em 1241: as cruzadas à Palestina se haviam transformado em um meio de dissuasão a serviço da diplomacia. As sucessivas alianças com os mongóis exerceram a seguir uma função muito importante com os projetos de cruzadas do final do século: uma série de embaixadas mongóis (entre 1267 e 1338) buscaram organizar campanhas comuns contra os mamelucos, mas nenhuma delas teve o resultado desejado.

Após Inocêncio III, os papas exigiram a obtenção de informações sobre "os costumes e as forças dos sarracenos" e pediam conselhos precisos sobre como organizar as cruzadas; muitos dos relatórios obtidos insistiam a respeito da superioridade naval da cristandade, que facilmente poderia levar as tropas ao Egito e submeter o país por força de um bloqueio marítimo. Muitas das cruzadas do século XIV utilizaram e demonstraram essa superioridade sobre os mamelucos ou sobre os emirados turcomanos da Ásia Menor (foi assim que o emir de Aydin perdeu Esmirna, conquistada pelos Cavaleiros hospitalários, que a conservaram de 1344 a 1402). Mas essa estratégia marítima sempre foi aplicada apenas parcialmente, e somente nos raros casos em que favorecia a defesa dos interesses econômicos do Ocidente.

No Oriente, os exércitos cruzados encontraram adversários e problemas novos aos quais a *tática militar* ocidental teve de se adaptar. Frequentemente atacados durante as jornadas, os cruzados tiveram de organizar sua ordem de marcha a partir da Primeira Cruzada, protegendo os flancos,

---

31. Nome que atribuíam ao Egito. (N.T.)

defendendo a massa de peregrinos desarmados, que eram colocados no centro. Rapidamente aprenderam a abandonar o avanço em colunas em favor da formação em "escalas", organizadas como batalhões de combate e capazes de avançar com sucesso contra os atacantes, a fim de desbaratá-los. A vitória de Arsufe oferece o melhor exemplo dessa tática (veja o mapa na p. 52).

As cargas da cavalaria franca, pesadamente encouraçada e armada de lanças, permaneceram sendo o elemento essencial de uma tática frequentemente decisiva contra as tropas árabes e egípcias, cuja cavalaria também era encouraçada, porém mais leve e com armamento inferior. Por outro lado, os turcos, que a partir da metade do século XII compõem a maior parte das tropas que se opunham aos cruzados, são em sua maioria arqueiros montados, com armamento leve e de grande mobilidade, que faziam reides contra seus adversários e procuravam atrair alguns deles para longe do grosso da tropa por meio de fugas simuladas. Muitos cruzados do Ocidente, cuja ambição era a realização de proezas, muito mais do que a obediência militar ou a estratégia eficaz, como Robert d'Artois, na batalha de Mansurá, caíram nesse tipo de armadilha, vendo-se cercados de repente. Os exércitos dos francos estabelecidos na Palestina logo se adaptaram a esse tipo de luta, passando a copiar o exemplo dos bizantinos e empregando uma cavalaria ligeira formada por mercenários de origem turca, os turcópolos, aquartelados em Bizâncio ou na Síria, ou por mercenários oriundos dos reinos cristãos que empregavam armamento e táticas semelhantes. Finalmente, a partir da Terceira Cruzada, os cavaleiros passaram a ser acompanhados por importantes tropas de infantaria. Os "peões" são em geral duas vezes mais numerosos que os homens montados – arqueiros ou balestreiros que protegem os movimentos da cavalaria e são muitas vezes os verdadeiros responsáveis pelas vitórias, como ocorreu em Mansurá. Ainda que os enfrentamentos militares ocorridos durante as cruzadas possam ter favorecido a exportação de certas técnicas ocidentais (especialmente as máquinas para o assédio de fortalezas) ou de militares profissionais (mercenários francos, tanto cavaleiros como balestreiros) para o Oriente, de fato isso não chegou a modificar muito os métodos tradicionais dos dois campos em luta.

IV. A influência das necessidades militares sobre as estruturas políticas dos estados cruzados (regime feudal e defesa da Terra Santa pelas ordens militares):

A Primeira Cruzada permitiu a fundação na Terra Santa de alguns Estados relativamente independentes, cuja defesa ou reconquista foram o objetivo da maior parte das cruzadas que se seguiram até o século XIV. Tais circunstâncias teriam exercido alguma influência sobre *as estruturas políticas* desses Estados? Era o que se acreditava antigamente, uma vez que, a partir da leitura das *Assises de Jerusalém*[32], via-se no reino de Jerusalém, e por extensão abusiva em todos os demais principados, um Estado feudal perfeito, criado sobre a *tabula rasa* da terra conquistada e no qual a soberania pertencia mais à nobreza do que ao *rei*, Godefroi de Bouillon – simples *primus inter pares* eleito pelos barões cruzados e não por seus vassalos, encarregado de guardar Jerusalém e que apenas tomara o título de *procurador do Santo Sepulcro*, que lhe conferia, como ocorria nas terras imperiais, a proteção da Igreja e de seus bens. O patriarca Daimberto de Pisa tentou em vão, com base nesses "assentamentos", instaurar uma senhoria eclesiástica em Jerusalém. Contrariando tais pretensões, Balduíno I, coroado rei de Jerusalém no ano de 1100, em Belém, fundou a monarquia. Independentes dos patriarcas, que eles mesmos escolhiam dentre uma lista elaborada pelos cônegos do Santo Sepulcro, os reis de Jerusalém

---

32. Codificação das decisões tomadas pelo rei e por sua corte e depois do conjunto de jurisprudência, que reúne e compila muitas outras obras escritas ao longo do século XIII, das quais a mais importante é *Le Livre de Jean d'Ibelin* [O livro de Jean d'Ibelin], concluído em 1265; de fato as *Assises* [os Assentamentos] são mais uma teoria dos direitos da nobreza do que uma descrição real da aplicação desses direitos. (N.A.)

passaram a transmitir a coroa hereditariamente, aplicando o direito de primogenitura ou de idade, sem excluir as filhas, diferentemente do que acontecia no Ocidente.[33]

O mesmo direito hereditário se aplicou nos outros estados cruzados, mas com maiores dificuldades, porque os reis de Jerusalém, particularmente Foulque e Balduíno III, buscavam exercer uma certa autoridade e algumas vezes até procuravam obter a regência; contudo, não havia uma suserania sequer teórica do rei de Jerusalém sobre os príncipes independentes. O poder destes variava de acordo com o estado, influenciados pelas respectivas tradições dos cruzados que os haviam fundado. Em Antioquia, como ocorria na Itália meridional governada pelos normandos, o regime feudal era mais centralizado, e os vassalos menos autônomos. Em Edessa ou em Trípoli, o domínio e o poder dos condes eram menos importantes.

No século XII, os reis de Jerusalém possuíam quatro baronias (Jerusalém, Naplusa [Nablus], São João d'Acre e Tiro) e numerosas aldeias localizadas nessas senhorias. A maior parte de seus recursos derivavam dos *impostos sobre o comércio*, dos direitos de venda (chamados *droitures de la fonde* [direitos territoriais] sobre os mercados, também chamados de *fondouk* ou *fonduque*) e dos direitos de trânsito (a taxa *ad valorem* de um vigésimo quarto exigido das caravanas que iam do Egito ou da Arábia à Síria ou faziam o percurso contrário através dos territórios do "Ultra-Jordão" [Transjordânia]; e dos direitos de importação ou de exportação (a corrente que fechava a entrada do porto de São João d'Acre e que só era retirada após o pagamento, deu nome à alfândega e depois ao imposto). Eles possuíam também a renda de vários monopólios industriais (tinturaria, curtumes, fábricas de sabão etc.), o direito de cunhagem (que, diferentemente dos países do Ocidente, era reservado ao rei)[34], que

---

33. Veja quadro genealógico, na p. 73. (N.A.)
34. No século XIII, com o enfraquecimento dos poderes reais nos diversos países europeus, os senhores locais se arrogaram o direito de cunhar moedas. (N.A.)

produzia moedas de ouro com legendas árabes (os "besantes sarracenos"), além de moedas de prata no modelo ocidental.

Eram esses recursos que permitiam ao rei conceder *feudos em besantes* ou *feudos de soldo*, na base de quinhentos besantes anuais para cada cavaleiro, algumas vezes mais numerosos em uma senhoria que os feudos em terra, constituindo a estrutura econômica e política mais original dos estados cruzados. Na realidade, os cruzados encontraram no Oriente uma economia monetária muito mais desenvolvida do que a do Ocidente. Isso explica por que foram estabelecidas nos estados latinos, muito antes que no Ocidente, taxas indiretas importantes, aluguéis de feudos e cunhagem de moedas de ouro.

Nesse sentido, *a influência das estruturas anteriores* à chegada dos cruzados se manifestou firmemente. É claro que eles importaram preferencialmente para o Oriente as estruturas e organizações que conheciam na Europa do século XI; por exemplo, a administração rudimentar dos grandes "oficiais da coroa", cujos poderes permaneceram fixos nas terras cruzadas, em vez de evoluírem como no Ocidente. Mas também copiaram costumes do Oriente bizantino: em Antioquia, um *duque* administrava a cidade (submetido ao príncipe, mas como poderes decisórios) na qualidade de "pretor da Polícia". Em Jerusalém, alguns órgãos administrativos, sobretudo de caráter financeiro, eram copiados de modelos muçulmanos. Assim, o *secrète* (do grego *sekreton*, escritório financeiro) correspondia de fato, se não de direito, ao *diwan*[35]: servia ao mesmo tempo de tesouro, escritório de contas e arquivos em que eram conservadas as cartas de doação, o cadastro e a lista de feudos com suas obrigações, consultados quando o rei precisava de alguma informação mais precisa.

Algumas instituições judiciárias respeitavam os costumes locais: o Tribunal do chefe da aldeia podia julgar as pequenas causas em que só estavam envolvidos os habitantes naturais da terra; e o Tribunal da Terra era um tribunal misto destinado a julgar causas comerciais ou demandas que

---

35. Divã, no sentido turco de conselho de governo. (N.T.)

envolviam apenas cidadãos da Síria ou da Palestina. Por outro lado, era o Tribunal da Alfândega que julgava processos marítimos, enquanto o Tribunal dos Burgueses e mais ainda o Tribunal Superior, o único com permissão para julgar os nobres, eram compostos unicamente por francos e destinados a resolver as disputas que envolvessem os europeus ou seus descendentes. Desse modo, as influências orientais foram bastante reduzidas; as *necessidades militares* impostas à *feudalidade* dos estados da Terra Santa são as características mais originais desse sistema judicial.

A escassez de tropas dominou a história desses estados: a maioria dos cruzados retornava para a Europa tão logo seu voto tivesse sido cumprido. Dos que vinham para a Terra Santa, só permaneciam os filhos mais moços sem perspectiva de herança ou cavaleiros pobres em busca de fortuna, como Bohémond, Balduíno du Bourg, Renaud de Châtillon, os Lusignan e a maior parte dos fundadores das "linhagens de ultramar", de nascimento ainda mais obscuro, como os d'Ibelin, os italianos do norte ou os normandos do sul da Itália, cuja origem exata é até desconhecida. No princípio do século XII, Balduíno I conferiu o título de cavaleiro a todos os "sargentos" de infantaria que possuíssem um cavalo. Para todos esses homens, na maioria imigrados durante o século XII, a cruzada e sua instalação na Terra Santa representaram incontestavelmente uma promoção social. Mas a defesa da Terra Santa exigia um serviço militar muito mais pesado do que no Ocidente: todo vassalo entre quinze e sessenta anos deveria apresentar-se totalmente equipado imediatamente após qualquer convocação do rei e servir em suas tropas sem restrição de tempo ou de lugar. Por outro lado, a raridade dos cavalos no Oriente provocou, a partir do século XII, muito antes que essa prática fosse instaurada na Europa, a instituição do *restour* [devolução], mediante a qual o rei era obrigado a restituir aos cavaleiros o valor dos cavalos perdidos em campanha. Foram estabelecidas regras estritas para fixar as obrigações do feudo e as condições de sua transmissão, a fim de que o serviço militar nas tropas do rei fosse assegurado custasse o que custasse. A *Assise de l'An et jour, Établissement du roi Balduíno II (ou III)*[36] autorizava o rei a deserdar qualquer um de seus vassalos por motivo de traição, fuga ou renegação, obrigava as viúvas a casarem novamente apenas com o assentimento do rei, proibia dividir a *caballaria*, centro do feudo sob o qual recaía o peso do serviço militar, além de constituir a legislação inicial que proibia a alienação de terras em favor de estabelecimentos religiosos. No século XII, tanto Jerusalém como Antioquia dispunham, cada uma, de quinhentos cavaleiros e cinco mil "sargentos", a que reuniam algumas vezes tropas de mercenários. Mas a defesa do reino incumbia sobretudo ao rei que, no final do século, obteve o consentimento de seus súditos para a cobrança de impostos destinados ao financiamento de seu exército; foi cobrado um dízimo em 1167 e uma talha em 1183, que gravava as rendas em 2% e ainda instituía o imposto de forragem sobre os estabelecimentos rurais.

No transcurso do século XIII, a realeza se achava empobrecida e, além disso, era exercida por soberanos não residentes (Frederico II da Alemanha, Charles d'Anjou ou os reis de Chipre foram muitas vezes os "senhores do reino de Jerusalém"), acabando por perder sua função diretora. A nobreza, cujas posses vinham sendo progressivamente reduzidas, refugiou-se nas cidades costeiras ou mesmo em Chipre. Na segunda metade do século, a função dessa aristocracia guerreira na defesa da Terra Santa tornou-se mínima, porque ela se achava totalmente absorvida por suas lutas políticas internas. Passou a ser necessário contar, para esse fim, com os contingentes assalariados e enviados por soberanos franceses do Ocidente (comandados por Geoffroi de Sergines, cujas tropas permaneceram na Síria entre 1254 e 1291), ingleses e tropas papais, ou com a ação constante das ordens militares. No século XII, os principados francos da Síria mereceram realmente o nome de Estados Cruzados em função de suas ações militares, mas no século XIII, toda a iniciativa

---

36. Assentamento de um ano e um dia, determinação do rei Balduíno II ou III. (N.T.)

passou a depender dos socorros vindos do Ocidente e das ordens militares que substituíram a nobreza local na função de cruzados permanentes.

As *ordens militares* nasceram da necessidade de proteger os peregrinos que percorriam a estrada de Jaffa a Jerusalém, que não era muito segura no começo do século XII. A comunidade destinada a "servir aos pobres" no albergue de São João de Jerusalém, a partir de 1050, militarizou-se pouco a pouco sob o comando de seu grão-mestre Raymond du Puy (1120-1154), embora conservasse as funções caritativas originais e o nome de *Cavaleiros hospitalários*. Os *templários* eram, em seus primórdios (1118), um pequeno grupo de cavaleiros originários da região da Champanha que protegiam os peregrinos e que haviam sido alojados em uma parte do palácio construído no lugar do antigo Templo de Jerusalém – sendo esta a origem de seu nome – e obtiveram do papa, em 1128, uma "regra" que fundou a "Milícia de Cristo", da qual São Bernardo [Bernard de Clairvaux] logo escreveu um elogio (*De laude novae militiae*[37]). As duas ordens se distinguiam das demais comunidades religiosas por meio de sua hierarquia: a Ordem do Templo, sob a autoridade de um grão-mestre assistido por "grandes oficiais", por exemplo, reunia "irmãos capelães" (padres ordenados), "cavaleiros templários", recrutados exclusivamente na aristocracia, e "sargentos" recrutados entre homens livres, embora plebeus. A partir de 1130, os efetivos e o poder das ordens aumentaram consideravelmente: elas passaram a reconhecer exclusivamente a autoridade do papa e a receber numerosos donativos tanto no Oriente como no Ocidente. Suas grandes residências europeias (as *commanderies* ou quartéis) eram agrupadas em priorados ou *langues* (províncias organizadas de acordo com a nacionalidade), administravam os bens da ordem, convocavam homens e reuniam dinheiro para o socorro da Terra Santa. Munidas de grandes quantidades de dinheiro dos dois lados do Mediterrâneo, a partir do século XII

---

[37]. "Sobre os louvores à nova milícia", em latim no original. (N.T.)

as ordens se tornaram os banqueiros das cruzadas, praticando o transporte marítimo real de moeda (como ocorreu com as somas legadas por Henrique II Plantageneta da Inglaterra para a defesa do reino de Jerusalém, em 1182) ou executaram funções de compensação (veja descrição deste tipo de operações na p. 94). Também exerceram suas ações através do Ocidente. Na Espanha, talvez pelo exemplo dos *ribates* da dinastia almorávida (fortes defendidos por comunidades de *ghâzis*, ou combatentes voluntários em defesa da fé muçulmana), as ordens militares receberam a guarda de castelos de fronteira antes mesmo que qualquer um lhes fosse confiado na Terra Santa. Na Alemanha, os Cavaleiros do Gládio e logo depois os Cavaleiros Teutônicos, organizados segundo o modelo dos Hospitalários e apoiados pela dinastia dos Hohenstauffen a partir da Terceira Cruzada, abandonaram aos poucos a Terra Santa e, durante o século XIII, dirigiram uma série de "cruzadas" para a evangelização dos pagãos bálticos e eslavos, especialmente os prussianos e os lituanos, criando nos territórios conquistados um estado guerreiro de caráter religioso.

Na Terra Santa, durante todo o século XII, as ordens podiam fornecer, tão logo fosse solicitado, um exército de quinhentos cavaleiros e um número igual de turcópolos, sempre prontos a entrar em campanha; logo a seguir, passaram a exercer um papel crescente na guarda, conservação e construção de *fortalezas*. Durante a primeira metade do século XII, estas imitavam ou utilizavam totalmente o modelo das construções bizantinas anteriores (muralhas quadradas com uma torre em cada canto, servindo como base para uma defesa ativa que era reforçada por ataques inesperados sobre os sitiantes). A partir de 1160, as ordens já possuíam um terço das praças de guerra do reino de Jerusalém e, na Síria setentrional, defendiam posições-chave, como Saone e Baghrás ao norte de Antioquia, o Castelo Branco e o Krak dos cavaleiros, que controlavam a estrada entre Homs e Trípoli. As fortalezas construídas ou restabelecidas a partir dessa época eram de um tipo mais elaborado, planejado para resistir a longos cercos: muralhas múltiplas empregando melhor os acidentes do terreno, flanqueadas de torres a espaços regulares em todo o perímetro e protegidas por obras avançadas, de que Margate e o Krak dos cavaleiros são os melhores exemplos. Tais modelos provavelmente influenciaram a construção de castelos no Ocidente, como o Château-Gaillard mandado construir em suas terras francesas por Ricardo Coração de Leão ao retornar da Terceira Cruzada. No século XIII, todavia, as ordens haviam perdido a maior parte de suas praças de guerra no interior, mas reconstituíram novas senhorias (por exemplo, Margate e Sidon) compradas de seus antigos detentores empobrecidos, além de receber a guarda de fortalezas construídas durante as primeiras cruzadas: o *Château-Pélerin*, foi confiado aos templários em 1217 e o Castelo de Montfort foi entregue aos cavaleiros Teutônicos em 1228. Foram transformados em "estados dentro do Estado", cujas dissensões, políticas de engrandecimento pessoal e ostentação de riqueza (sobretudo no caso dos templários), eram motivo de escândalo, mas nada disso impedia que fossem a única estrutura eficaz que mantinha um exército permanente e uma frota a serviço da Terra Santa.

V. O "regime colonial" dos Estados Cruzados

O termo "colônia franca" aplicado aos Estados Cruzados não deve dar margem a ilusões: mesmo em seu apogeu, o *povoamento franco* – que era constituído, pelo menos no século XII, por uma grande maioria de franceses – nunca ultrapassou cem mil homens. Era mais um estabelecimento político e militar do que uma colônia, e três quartos de seus membros residiam nas cidades (no século XIII, Tiro, por exemplo, tinha entre 25 mil e 30 mil habitantes, e os campos adjacentes no máximo mais dez mil). No princípio do século XII, a falta de homens era tão grande que Balduíno I mandou buscar os cristãos não católicos da Transjordânia para repovoar Jerusalém. É difícil avaliar a importância do povoamento latino[38] estabelecido em certas *villes franches* (cidades isentas de alguns impostos), como Bethgibelin, em que os Cavaleiros hospitalários instalaram, em 1168, 32 famílias originadas da região central da França, cada uma das quais recebeu duas jeiras de terra como *tenure en bourgeoisie* (dependência burguesa); ou como as 21 fundações dos Cônegos do Santo Sepulcro, como Grande Mahomerie, que contava, em 1156, com mais de noventa burgueses. É em parte a esses colonos que se aplicava o célebre texto de Foucher de Châtres:

> Alguns dos nossos já possuem neste país casas e criados. [...] O que era estrangeiro se tornou nativo; o peregrino passou a ser habitante. [...] Aqueles que eram pobres em suas terras natais ficaram ricos aqui pela graça de Deus.

Arqueólogos escavaram e trouxeram à luz do dia algumas dessas aldeias situadas ao norte de Jerusalém. Seu traçado geométrico, típico das *villeneuves* [cidades planejadas] do Ocidente, demonstra igualmente a relativa segurança gozada entre os anos de 1120 e 1160.

A população rural era formada majoritariamente por sírios, tanto cristãos como muçulmanos. Os muçulmanos deviam um imposto pessoal de um besante, proporcional ao tamanho da família, mas os dízimos somente eram pagos pelos cristãos latinos, isto é, de origem europeia. Todos os camponeses deviam ao senhor da terra uma percentagem sobre suas colheitas, que variava de acordo com a natureza da plantação e a qualidade das terras (de um quarto à metade), denominada *terrage*, e três vezes por ano deveriam fornecer donativos em espécie (*exenia*). Ao expulsarem os antigos proprietários muçulmanos, os cruzados empobreceram a classe dirigente, mas não modificaram a situação dos camponeses, que parecem ter ficado indiferentes a essa troca de senhores. Os francos não modificaram os métodos de exploração rural: as

---

38. Prawer avalia que o reino de Jerusalém abrangia 1.200 povoações, das quais somente sessenta eram aglomerações "francas", isto é, de população de origem predominantemente europeia. (N.A.)

terras de cultivo de cada aldeia, chamadas de *casal*, foram divididas em unidades fiscais (*charruées* ou aráveis); as reservas senhoriais eram quase inexistentes, por falta de mão de obra; as raras corveias eram utilizadas quase sempre, segundo a tradição bizantina, para o transporte dos produtos agrícolas correspondentes às contribuições em espécie ou para trabalhos de interesse público. Os métodos e os tipos de cultura tradicionais foram conservados; os francos unicamente encorajaram o plantio de vinhedos e de olivais, estes nas zonas costeiras, além da cana-de-açúcar e de outras culturas comerciais, cujo produto era destinado à exportação.

Um dos resultados das cruzadas foi a criação de uma nova rota para o *comércio do Levante*, mas seu desenvolvimento a partir do século XII não pode ser atribuído somente a essa causa. Os portos italianos, que até então comerciavam principalmente com Bizâncio e Alexandria, viram aumentar seu tráfico em consequência da criação dos estabelecimentos cruzados: é através daqueles que estes importavam suas provisões e mantimentos a partir do final do século XII (trazidos de Chipre, da Sicília ou de mais longe ainda) e artigos duráveis (armas da Europa, madeira do Líbano e da Cilícia), tecidos da Champanha ou de Flandres. Em troca, os estados latinos exportavam açúcar, carvão e o sabão das fábricas de Tiro, além dos produtos da indústria local, cuja tecnologia logo seria adquirida pelos italianos (seda e vidro), de produtos de luxo trazidos do interior da Síria – brocados de Bagdá, tecidos de Damasco (os damasquinos), peças de algodão fino de Mossul (as musselinas) – e as especiarias do Extremo Oriente.[39] Mas esses artigos transitavam mais por Alexandria (porque o transporte através do mar Vermelho era menos dispendioso do que por meio das caravanas que os levavam a Damasco e Alepo e dali aos portos latinos) ou por Constantinopla. No século XIII, surgiu a rivalidade dos portos da Ásia Menor, especialmente Trebizonda (no mar Negro) e Lajazzo

---

39. Em geral trazidas em caravanas ou por via marítima desde o Oriente Médio, particularmente da Índia. (N.T.)

(Alexandreta ou Hathay Devlet) no Mediterrâneo oriental, depois de terem atravessado em caravanas toda a Ásia central unificada pelos mongóis.

Não foram os cruzados que abriram as rotas da Ásia para o comércio cristão: Veneza já se estabelecera no Império bizantino e em Alexandria desde o final do século XI; de fato, por razões comerciais, as cidades italianas não foram em nada favoráveis ao lançamento das cruzadas; bem ao contrário, prejudicaram muitas vezes as suas relações comerciais com o Egito.[40] Mas a existência dos estabelecimentos cruzados e de um fluxo constante de viajantes para a Terra Santa criou um campo de atividades bastante frutífero para essas cidades. O transporte de peregrinos ou de exércitos[41] favoreceu o desenvolvimento das frotas de Pisa, Gênova e mesmo de Marselha, na França, e trouxe somas consideráveis para os cofres dos mercadores, que eles passaram a empregar para a compra de novos produtos no Oriente. Por outro lado, as cruzadas aumentaram as trocas comerciais do Ocidente com a Síria, que tivera anteriormente um lugar apenas secundário no comércio do Mediterrâneo. Contudo, a queda dos estabelecimentos cristãos não teve efeitos sensíveis sobre o comércio entre Oriente e Ocidente: ele simplesmente se transferiu para outros portos. Os italianos e os provençais simplesmente haviam explorado o trânsito (de viajantes e de mercadorias) provocado pelas cruzadas e por peregrinações pacíficas, cujo número aumentara muito durante o século XIII, no momento em que o desenvolvimento econômico do Ocidente crescera o suficiente para permitir o destino de recursos importantes para essas viagens religiosas e militares. Ao mesmo tempo, os portos sírios se haviam transformado, no decorrer do século XIII, no centro de um verdadeiro "comércio das cruzadas" e haviam atraído igual-

---

40. Entretanto, é possível que as ameaças militares que as cruzadas representavam para o Egito tenham contribuído para aumentar as importações de equipamentos (madeira, ferro, armas e escravos), do mesmo modo que para reverter a balança comercial em favor do Ocidente. (N.A.)

41. Veja nas p. 92-93. (N.A.)

mente uma parte do comércio de trânsito, o que permitiu o estabelecimento de filiais das companhias italianas ou empresas locais receptoras de suas franquias.

A partir do século XII, *as cidades italianas*, cujas frotas tinham auxiliado na conquista dos portos sírios, haviam recebido em troca certos privilégios jurídicos e econômicos, mas a monarquia de Jerusalém conservou suas prerrogativas e, em certos casos, conseguiu restringir tais privilégios. Do mesmo modo, concedia de boa vontade permissão a Gênova e Veneza para se estabelecerem na condição de feudos: a família dos Embriacci, por exemplo, recebeu em caráter feudal o direito à administração dos bens das comunidades genovesas em Acre, Antioquia e Lataquiê e recebeu em caráter definitivo a senhoria de Djibelete no condado de Trípoli. Após 1187, o apoio dos italianos, provençais e catalães se tornou indispensável para a reconquista de cidades costeiras; a realeza se enfraquecera e foi forçada a conceder privilégios que acabaram por transformar as antigas filiais em verdadeiras colônias independentes. Isentas do pagamento de certos impostos em todo o reino, essas comunidades privilegiadas possuíam nos grandes portos um quarteirão cercado por muralha própria, com sua própria igreja, suas termas, entrepostos (*fonda, fondaco*), moinho e padaria, matadouro, açougue etc. e, dentro desses, domínios exerciam os direitos de justiça e de polícia. Para controlar tais estabelecimentos, as comunidades-sede originais criaram uma administração central "para toda a Síria" (Gênova e Pisa mantinham cada uma o seu cônsul-geral, a que correspondia o *bailio* dos venezianos) e exportaram para lá os conflitos que opunham essas cidades-estado comerciais através de todo o restante do Mediterrâneo.

As lutas das comunas no século XIII, essas rixas de quarteirões que degeneravam em revoltas e depois em guerras civis, eram um sinal dos tempos; os interesses econômicos tinham precedência sobre as necessidades de defesa, e as condições básicas de sobrevivência dos estabelecimentos cruzados foram negligenciadas. Os ideais das cruzadas simplesmente já haviam desaparecido da Terra Santa.

Capítulo V

As cruzadas no mundo medieval

Ainda que somente tornadas possíveis pela expansão econômica do Ocidente medieval, não foram as cruzadas somente uma manifestação direta do espírito comercial. Foi por isso que as mentalidades que acompanhavam as expedições, o estado da cristandade de que elas serviram como testemunhas, a civilização que criaram na Terra Santa e seu papel na confrontação do Ocidente cristão com o Oriente muçulmano constituíram os principais temas das pesquisas históricas mais recentes.[42]

I. A consciência das cruzadas através da cristandade ocidental

1. A doutrina eclesiástica – Os princípios básicos da cruzada foram apresentados pelo papa Urbano II no Concílio de Clermont e em suas *cartas excitatórias* posteriores, cujos temas foram depois desenvolvidos pelas bulas pontifícias do século XII: o propósito inicial de socorrer os cristãos do Oriente oprimidos pelos turcos rapidamente foi suplantado pelo ideal da libertação do túmulo de Cristo, sua defesa ou sua reconquista. Essa guerra de "defesa" era considerada uma obra pia.[43] O papa prometia a remissão dos pecados de todo cruzado que morresse em trânsito ou em combate; quem cumprisse seu voto de cruzado e retornasse seria liberado de todas as penitências temporais impostas sobre seus pecados.

---

42. Veja uma bibliografia sumária no final deste volume. (N.A.)
43. Isso subentendia a crença de que Jerusalém, antigamente bizantina, tomada pelos persas e depois reconquistada pelo imperador Heráclio, em 630, mais adiante transformada em um "protetorado" pelo imperador franco Carlos Magno, pertencesse por direito aos cristãos. (N.A.)

A partir de Inocêncio III, o maior teórico da cruzada, os canonistas, compiladores da lei canônica da igreja católica, tomaram conta do assunto, fazendo comentários sobre as decisões pontifícias ou conciliares cada vez mais numerosas e elaborando uma doutrina coerente. Aos críticos que contestavam a legitimidade de uma guerra santa porque ela contradizia o ideal evangélico, responderam que os infiéis haviam ocupado a Terra Santa consagrada pela vida e morte de Cristo e maltratavam seus súditos cristãos. Quando recebiam a objeção de que uma guerra de conquista era injusta e que as conversões forçadas dos muçulmanos eram totalmente condenáveis, os juristas respondiam que os sarracenos proibiam a entrada de missionários e que era preciso primeiro submetê-los para depois lhes poder pregar livremente a Palavra de Deus.

A partir de então, os textos canônicos fixam com precisão as condições de obtenção de indulgências, "hierarquizadas" a partir do final do século XII. As indulgências eram proporcionais aos serviços prestados durante a cruzada e plenárias para quem passasse dois anos na Terra Santa ou em alguma outra expedição guerreira a que fossem concedidos os mesmos privilégios. O número das expedições para as quais foram sendo prometidas as mesmas indulgências concedidas a quem fosse lutar na Terra Santa foi crescendo. Uma cruzada servia sobretudo para unificar toda a cristandade sob o comando do papa e em busca da salvação. Desde o início do século XIII, quando o papado propôs a todos os fiéis que participassem delas indiretamente, por meio de rezas, procissões, oferendas e apoio financeiros aos que partissem, foi inaugurado um movimento de espiritualização da cruzada que culminou, no século XIV, pela substituição do *iter hierosolymitanum*, o itinerário a Jerusalém, real por um caminho da cruz simbólico que dispensava a viagem.

No entanto, os abusos cometidos na concessão de dispensas do voto antes constringente de cruzado em troca de compensações financeiras, ou seja, sua comutação econômica cada vez mais fácil, acabaram reduzindo as indulgências a um expediente político e financeiro desde a metade do século XIII.

2. O espírito "cavalheiresco" das cruzadas – Desde suas origens, as cruzadas foram um empreendimento feudal, um ato da cavalaria, uma classe social formada pela pequena nobreza que já estava constituída desde o final do século XI nas regiões da Europa que enviaram mais homens para a Terra Santa (particularmente a França). Do mesmo modo que a cristandade empreendeu uma ação comum através das cruzadas, manifestando uma unidade frágil que só fora criada no século XII, a cavalaria realizava uma obra santificada ao colocar a serviço de um ideal cristão suas virtudes guerreiras de origem pagã. As cruzadas foram portanto o local em que o encontro da religião e da classe militar feudal provocou a "feudalização" do Cristianismo e a cristianização da cavalaria. É claro que esse movimento não nasceu com as cruzadas: já a precedera e é sua existência anterior que explica, pelo menos em parte, a reverberação tão fácil do apelo de Urbano II no concílio de Clermont. Mas foi através das cruzadas que o espírito cavalheiresco encontrou sua manifestação mais majestosa. A realização do "voto da cruz" (*votum crucis*) se tornou indispensável para o perfeito cavaleiro. Deus, ou mais particularmente Cristo, passara a ser o Senhor por excelência, a serviço do qual o cavaleiro deve sacrificar todo o resto.[44] Sob a influência desse conceito, as imagens do Velho Testamento predominavam nos relatos das cruzadas, e as *Canções de Gesta*, anônimas, da Primeira Cruzada evocavam muitas vezes o nome de um Deus "todo poderoso e guerreiro".[45] As crônicas frequentemente comparavam os cruzados ao Povo Escolhido[46]; de fato, escreveram uma nova

---

44. Segundo o menestrel-cavaleiro Walther von der Vogelweide, o próprio imperador é apenas o "primeiro vassalo" de Deus, que é o suserano supremo. (N.A.)
45. O "Deus dos Exércitos" ou o "Senhor dos Exércitos", citado em Êxodo, reis, Crônicas, Salmos, Isaías etc. (N.T.)
46. O "Israel de Deus" ou o "Novo Israel" que substituía os judeus por terem rejeitado Jesus, o Messias cristão, com base nas Epístolas de São Paulo. (N.T.)

história santa paralela ao Velho Testamento.[47] Deus dará aos soldados que defendem seus direitos e sua "herança" o socorro que esperam receber Dele: os anjos, arcanjos e os Santos de Cristo (particularmente os santos militares da tradição bizantina) virão combater lado a lado com os cruzados em suas fileiras. Em Antioquia (1098),

> ...foram vistos descendo das montanhas tropas inumeráveis de guerreiros montados em cavalos brancos. [...] Os nossos não podiam compreender [...] quem eram esses guerreiros; mas, finalmente, acabaram por reconhecer que era um exército enviado por Cristo para socorrê-los, comandado por São Jorge, São Mercúrio e São Demétrio.[48]

Consoante a obrigação de um senhor para com seus vassalos (uma das canções das cruzadas realmente diz que o cavaleiro se "recomendou" a ele), o próprio Cristo garantia a proteção de Seus cruzados.

Todo cavaleiro cruzado tornava-se, portanto, um *miles Christi* [soldado de Cristo]; a cruz que ele trazia às costas era o sinal de que o Senhor o *investira* com o reino dos Céus. Os conceitos teológicos das indulgências e das recompensas celestes foram transportados em termos de feudos, salários e soldos; a vida eterna era prometida aos que morressem na cruzada e a glória aos sobreviventes. De modo semelhante, os pregadores e o próprio Urbano II não hesitavam em fazer alusões às riquezas materiais que esperariam pelos cruzados na Terra Santa. Ao lançar seu apelo pela Quarta Cruzada, o abade Martin de Pairis evocava o reino dos Céus como um "soldo garantido" e como uma "rica esperança" a "felicidade terrestre" em uma terra "mais rica e mais fértil que nossa pátria".

---

47. O interesse manifestado por esses acontecimentos provavelmente explica, pelo menos em parte, o súbito interesse manifestado pelo Antigo Testamento em todas as classes sociais, cujas traduções em línguas europeias se multiplicaram, com ou sem a aprovação da Igreja: a multidão dos analfabetos escutava a leitura dos poucos eruditos. (N.A.)

48. *História anônima da Primeira Cruzada*, edição Bréhier, p. 155. (N.A.)

As canções das cruzadas, muitas vezes inspiradas diretamente em prédicas religiosas, acrescentavam o amor cortesão aos temas religiosos. Conon de Béthune, que participou tanto da Terceira como da Quarta Cruzadas, escreveu sobre a Síria:

> Lá, onde se deve exercer a cavalaria,
> Onde se conquistará o Paraíso e a honra
> E prêmios e louvores e o amor de sua amiga...[49]

A partir do século XII, de fato, mas principalmente ao longo do século XIII, o conflito entre o amor da dama e o amor de Deus se achava no centro da maioria das canções das cruzadas escritas para os cavaleiros ou por eles mesmos. A "separação" era dura e o conflito não se resolvia sem dificuldades, mas acabava favorecendo o serviço de Deus. Nos melhores casos, o amor cortesão, sob a influência da tomada da cruz, se transformava diretamente no amor de Deus[50]; mas com o tempo, alguns já não mais hesitavam em se recusar a participar de uma nova cruzada em nome do amor humano, símbolo poético dos bens materiais (bens, família, conforto) que foi evocado com realismo no relato do *descruzamento* de Rutebeuf.

3. O espírito "popular" das cruzadas – Necessariamente livres de todos esses compromissos cortesãos das classes da nobreza feudal, os "pobres" responderam aos primeiros apelos da cruzada com ainda maior fervor do que os outros grupos sociais e, segundo parece, mantiveram viva até o começo do século XIV a chama de um ideal que cada vez encontrava menos eco entre as classes superiores. Sem exagerar a separação entre os *barons* e os pobres do exército – com os quais se misturavam frequentemente os cavaleiros pobres cuja origem social fazia com que algumas vezes fossem eleitos chefes dos bandos irregulares –, podemos reconhecer certos

---

49. *La doit-on faire chevalerie / Où on conquiert Paradis et honor / Et pris et los et l'amour de sa mie.* (N.T.)
50. Esse ideal encontra sua expressão mais perfeita no ciclo de poemas sobre *A busca do Santo Graal*. (N.A.)

traços específicos de um espírito "popular" nas cruzadas. As manifestações dessa mentalidade não foram exclusivas de um grupo social definido, mas os menos privilegiados eram, indubitavelmente, mais sensíveis à atração do maravilhoso em função de suas condições miseráveis de vida. Além disso, à medida que a estrutura religiosa e feudal das cruzadas os punha à margem ou os excluía totalmente das expedições, afirmava-se o ideal de uma "nova religião" da cruzada, que só iria realmente ser vencida pelos pobres, o novo povo eleito.

Desde sua origem, sinais e prodígios anunciavam ou acompanhavam os apelos e pregações autorizados, provocando um entusiasmo muito maior nas massas do que estes. De fato, quando Bernard de Clairvaux pregou, através da Alemanha, o sucesso que alcançou junto às multidões se devia muito mais a seus milagres do que à sua incontestável eloquência. É claro que o homem medieval permanecia sempre atento aos fenômenos em que acreditava ler a vontade de Deus, mas as cruzadas possuíam seus sinais particulares: alguns deles serviam como metáforas das migrações, como chuvas de estrelas cadentes, cometas com caudas de fogo, migrações de animais, nuvens de gafanhotos (um presságio que também foi percebido no Oriente, conforme escreveu Anna Comneno); outros convidavam à partida, como cartas entusiásticas que simplesmente caíam do céu; e ainda havia aqueles que marcavam os escolhidos, especialmente cruzes, que apareciam na carne dos cruzados mortos ou mesmo como manchas, hematomas ou feridas na carne dos vivos.[51] Cada cruzada – especialmente a Primeira, a Segunda e a Quinta – era acompanhada pelo mesmo cortejo de sinais reveladores de uma vontade divina requerendo o socorro dos homens ou então condenando os pecados dos que haviam sido derrotados em combate. A tais prodígios se acrescentavam as costumeiras profecias anunciando o fim dos tempos. A tradição

---

51. Os punhos das espadas tinham o formato de cruzes e seu choque violento contra uma parte do corpo provocava o surgimento de um hematoma cruciforme. Os cavaleiros também beijavam essas empunhaduras em compromisso de um juramento, como se beijassem a própria cruz. (N.T.)

milenarista logo tomou conta da Primeira Cruzada: muitos partiam em direção a uma Jerusalém terrestre, de cuja localização não faziam a menor ideia – como nos dão testemunho os relatos das constantes indagações dos filhos dos cruzados pobres que lhes perguntavam se já haviam chegado em Jerusalém cada vez que avistavam uma nova cidade ou mesmo uma nova aldeia –, ou esperavam o cumprimento dos tempos e o sucesso das nações cristãs, quando os judeus seriam convertidos e um rei messiânico reuniria todos os homens sob sua égide para esperarem com ele o próximo retorno do Senhor. Essa espera pela Parusia, que se pensava que ocorreria em breve, era colorida por tradições políticas: havia o rei dos Últimos Dias que seria coroado sobre o Gólgota, sem a menor dúvida um franco; ou as lendas de inspiração carolíngia que colocariam sobre esse trono um rei famoso ressuscitado, às vezes Carlos Magno, às vezes Godofredo de Bulhões, às vezes Frederico Barba-Ruiva. No final do século XII, circulam por toda parte as profecias sobre "o rei Louro do Ocidente" que entraria em Constantinopla e restauraria para todos a Terra Prometida. A submissão do rei dos gregos se encontra em todas as tradições (nas canções de gesta, como "A peregrinação de Carlos Magno", nas profecias sibilinas etc.) como sendo a condição do retorno à unidade do Império Cristão e o prelúdio da plenitude dos tempos. Sob os muros de Damieta, durante o cerco de 1219, eram anunciadas alternadamente a vinda desse rei Louro do Ocidente, o retorno do rei Davi e a chegada do Preste João, vindo das Índias com seu exército, cuja figura legendária simboliza, a partir do século XIII, a esperança de reconquista sobre o Islã, que estaria apenas temporariamente vitorioso.[52]

---

52. Ecos dessas lendas são o sebastianismo português e nordestino. El-rei Dom Sebastião morreu em combate contra os mouros no norte da África, já no final do século XVI (1577 ou 1578), e seu corpo nunca foi encontrado. Descendente de godos, esse "rei Louro" deveria ressuscitar e conduzir Portugal à vitória. A crença permaneceu viva no nordeste brasileiro pelo menos até o tempo da Revolta de Canudos, comandada por Antônio Conselheiro, cuja pregação religiosa era monarquista e sebastianista. (N.T.)

São essas crenças que provavelmente impulsionavam a maior parte dos integrantes dos exércitos. Ao mesmo tempo, o ideal de pobreza e de pureza que era pregado a todos deveria ser imposto também aos grandes. Diante de Antioquia e de Jerusalém, as multidões exigiram que os nobres fizessem penitência, como sendo a única forma de capturar as cidades e, a partir da Terceira Cruzada, regras estritas tentaram refrear o luxo dos poderosos; mas foi o próprio Luís IX que fez reverter as regras do jogo em favor de seus irmãos. Desse modo, sempre que ocorria uma derrota, a partir da Segunda Cruzada, a opinião popular facilmente acusava como causa direta os pecados dos grandes senhores (dissensões, luxo, orgulho), e foi nascendo pouco a pouco a ideia de uma Cruzada Pacífica, a ser formada exclusivamente pelos pobres, que marchariam desarmados. Foulque de Neuilly pregava aos pobres que eram, segundo ele, chamados por eleição a imitar Cristo, e condenava principalmente os dois vícios mais comuns em uma sociedade em que o dinheiro começava a se tornar abundante: a usura e a luxúria.

Quanto mais se exaltavam as virtudes da pobreza, tanto mais o dinheiro se tornava indispensável para a realização das expedições: assim, as cruzadas dos pobres, sem outras armas que a pureza e a oração, eram descartadas pelas cruzadas oficiais. Entretanto, quanto mais os ricos se afastavam das cruzadas, tanto mais os pobres partiam nelas e, mais pobres do que todos, *as crianças*. Em 1212, os pastores da região francesa de Vendômois se juntaram às crianças de Colônia e se puseram a caminho de Jerusalém, a fim de libertarem o túmulo e a cruz de Cristo, garantindo que, como já acontecera com os hebreus, o mar se abriria e deixaria que todos passassem a pé. A Terra Santa era o objetivo dos pastores conduzidos pelo mestre da Hungria, em 1251, que pretendiam libertar o rei Luís IX do cativeiro egípcio. Em 1320, os Pastoureaux percorreram a França, pilhando e matando os judeus. Esta última "Cruzada das Crianças" se transformou em uma *jacquerie*[53], mas as anteriores, cujos participantes

---

53. Revoltas periódicas de camponeses (apelidados de *jacques*), que geralmente ocorriam em períodos de escassez. (N.T.)

eram acolhidos favoravelmente pelos habitantes das terras que atravessavam, manifestavam a sobrevivência de um ideal que a sociedade estabelecida já havia abandonado.

4. A crítica das cruzadas – Muito antes que Voltaire escrevesse seu *Tratado sobre os costumes*, muitas vozes se elevaram para criticar as cruzadas e até mesmo contestar que em qualquer momento tivessem sido necessárias. Desde a Primeira Cruzada existem relatos de que algumas pessoas consideravam loucos todos os que nelas partiam. Contudo, os textos do século XII conservam poucos vestígios de objeções, mesmo simples com estas. Não obstante, as críticas de todo o tipo se multiplicaram no século XIII, após o aparecimento das "cruzadas desviadas" contra os heréticos, cismáticos e inimigos políticos do papado.[54] Ao atacar o Languedoc, a cruzada desencadeou a hostilidade dos trovadores, sendo um bom exemplo as canções denominadas *sirventés* de Guillaume Figueira contra "a Roma traidora e enganadora". Este poeta natural de Toulouse, que depois se dedicou ao serviço do imperador Frederico II, não foi o único trovador a condenar as cruzadas realizadas em terras europeias sob o pretexto de uma preocupação com a Terra Santa que era influenciada principalmente pelo espírito gibelino.[55] A defesa da "verdadeira cruzada" acabou por se tornar tema de propa-

---

54. Ao escutar a pregação de uma cruzada contra Manfred, as multidões inglesas, segundo escreveu Mathieu Paris, "ficavam espantadíssimas ao verem que lhes prometiam as mesmas coisas para derramar o sangue de cristãos que lhes haviam sido prometidas anteriormente para derramar o dos infiéis. As sutilezas dos pregadores para justificar esses novos alvos só conseguiam provocar zombarias e riso." (*Cronica Maiora* [Crônicas dos antepassados], edição Luard, v. V, p. 521). (N.A.)

55. Os gibelinos constituíam um partido político basicamente aristocrático na Itália medieval, que apoiava a autoridade dos imperadores do Sacro Império Romano-Germânico, em oposição aos guelfos, partidários das pretensões materiais e políticas (seculares) do papado. (N.T.)

ganda política: os poetas acusavam o papa de ter sacrificado a cruzada de Luís IX em favor de suas dissensões com o imperador germânico.

Em nome da Terra Santa, os teóricos políticos contestavam a autoridade temporal e secular do papado e proclamavam que os poderes materiais da Igreja deveriam ser absorvidos pelo Estado que assumisse a direção da cruzada.[56]

Acima de tudo, os impostos cobrados para o financiamento de todas as cruzadas, inclusive as dirigidas à Terra Santa, provocaram um anticlericalismo geral, que o relato do *descruzamento* de Rutebeuf expressou com até certa moderação:

> Clérigos e prelados são quem deve vingar
> A vergonha de Deus que lhes dá sua renda
> Para que possam beber e se alimentar,
> Se não se importam que ele chore ou que suspire.[57]

Finalmente, a alegação eclesiástica de que as derrotas repetidas das cruzadas no ultramar e a perda da Terra Santa pudessem ser explicadas somente pelos pecados da cristandade, particularmente pelas falhas da Igreja e os pecados das ordens militares, acabou por provocar um ceticismo generalizado: se a cruzada era útil para alguma coisa, por que o próprio Deus não lhe prestava Seu apoio? Salimbene relata que, diante de franciscanos que pediam esmolas antes de partirem para uma das cruzadas, o povo preferia dar dinheiro a um outro mendicante que suplicava em nome de Maomé, porque este "era mais forte do que Cristo".

Uma crítica ainda mais radical provém dos próprios clérigos, que estavam tão conscientes quanto os leigos dos

---

56. Naturalmente, a dinastia capetiana francesa, de acordo com Pierre Dubois; ver *supra*, na p. 80. (N.A.)

57. *Clercs et prélats doivent venger / La honte Dieu puis qu'ils ont sa rente / Ils ont à boire et à manger / Si ne leur chaut qu'il plent ou vente.* (N.A.)

abusos provocados pela organização das cruzadas[58], mas que se achavam preocupados acima de tudo com o mal causado à fé cristã pelo emprego constante da violência:

> A guerra não serve de nada contra eles (os infiéis). [...] Não é desse modo que eles serão convertidos [...] seus filhos que sobreviverem às guerras ficarão tanto mais revoltados contra a fé cristã [...] as conversões se tornarão impossíveis [...] sobretudo no ultramar e na Prússia.[59]

De forma semelhante, o dominicano Guillaume de Trípoli preconizava a conversão dos sarracenos em vez de sua destruição e o envio de missionários para a Terra Santa, de preferência às tropas de soldados. A partir do começo do século XIII, quando o próprio São Francisco tentou converter o sultão Alcamil em Damieta, o espírito da missão pacífica se expandiu cada vez mais no seio da Igreja. Mas, segundo a maneira de pensar daqueles que a propunham, a Missão não era o oposto da cruzada: novamente, o próprio São Francisco não condenava esta última; Raymond de Peñafort desaprovava as conversões forçadas, mas sua pregação era totalmente a favor da Cruzada Espanhola durante o reinado de Gregório IX; até mesmo Raymond Lulle (1232-1315), que sonhava em colocar a cristandade inteira em um estado de "missão permanente", escreveu em 1309 um tratado, *Sobre a conquista da Terra Santa*, dentro dos termos mais tradicionais. Na realidade, essa tradição já era uma sobrevivência arcaica; foi nessa mesma data que os franciscanos construíram seus primeiros conventos na Palestina e começaram a guardar os lugares santos com a autorização do sultão, ainda que só obtida oficialmente em 1333. Novamente, as peregrinações tomavam o lugar das cruzadas, principalmente com a "cruzada espiritual" dos frades menores: a *militia Christi*

---

58. Prova disso, por exemplo, é a *Collectio de Scandalis Ecclesiae* [Coletânea dos escândalos eclesiásticos], uma memória compilada pelo franciscano Gilbert de Tournai e dirigida ao papa Gregório X antes do concílio de Lyon. (N.A.)

59. Roger Bacon, *Opus Majus* [Obras principais]. (N.A.)

[exército de Cristo] poderia ser vitoriosa todos os dias através da renúncia aos bens materiais e da prática dos ensinamentos do evangelho. Foi desse modo que sobreviveu a ideia das cruzadas.

5. A civilização dos Estados Cruzados – Os Estados francos da Síria e da Palestina não mantinham relações particularmente íntimas com os ideais anteriores das cruzadas, e as atitudes dos francos a esse respeito são um pouco difíceis de explicar, já que não se encontram muitos depoimentos escritos por eles nesse sentido. Como vimos anteriormente, a oposição entre os cruzados recém-chegados da Europa e os *poulains*[60], muito mais preocupados com seus interesses políticos e econômicos, se manifestou em muitas ocasiões. Jacques de Vitry, bispo de São João d'Acre, descreve a hostilidade que sua pregação de uma nova cruzada encontrou entre a população de origem europeia. Segundo seu ponto de vista, a causa desse estado de espírito era a imoralidade que grassava na cidade, em que havia encontrado refúgio um aglomerado de criminosos originados do Ocidente. No século XIII, sem dúvida, o braço secular da Igreja condenava muitos réus ao exílio temporário ou perpétuo na Terra Santa[61], e os registros do arcebispo de York entre 1274 e 1276 incluíam somente onze voluntários em um total de trezentos homens que haviam tomado o voto de cruzados nesse período.

Sua relativa indiferença às intenções militares das cruzadas facilitava, então, os relacionamentos dos francos com

---

60. Potros. Este termo acabou por designar não somente os filhos nascidos de casamentos mistos com sírias, muito mais raramente entre sírios e filhas de latinos, mas também todos os cristãos nascidos na Terra Santa. (N.A.)

61. Quando São Bernardo pensa na comutação de pena oferecida aos pecadores que se unirem às cruzadas, não lhe escapa a utilidade prática desta medida, conforme escreveu: "Que prazer para nós nos livrarmos destes malfeitores cruéis e que alegria para Jerusalém receber em troca ferozes defensores!" (*De laude novae militiae* [Sobre os louvores da nova milícia]), v. 10.) (N.A.)

as diversas comunidades autóctones? As melhores informações de que dispomos são as do setor eclesiástico. A hierarquia religiosa latina foi constituída, no princípio, mais para preencher a ausência dos prelados gregos, mas em breve se encontrou em situação de concorrência com a hierarquia ortodoxa. E a atitude dos clérigos latinos com relação à Igreja Grega foi rapidamente determinada pelas relações políticas dos Estados Cruzados com o Império Bizantino. Mesmo que, teoricamente, os padres gregos estivessem colocados sob a autoridade dos bispos latinos, parece que eles obedeceram de preferência aos prelados gregos que reapareceram na Palestina no decorrer do século XIII. Contudo, uma certa coexistência pacífica, bem mais fácil que na Romênia e em Chipre, parece ter reinado na Terra Santa entre gregos e latinos. O respeito pelas comunidades cristãs orientais não ortodoxas sempre foi maior do que o mostrado com relação à Igreja Ortodoxa Grega. As Igrejas Siríaca e Armênia (monofisitas), os nestorianos e os maronitas do Líbano conservaram suas hierarquias e seus bens e gozaram da tolerância dos francos, numa situação comparavelmente bem melhor que a de suas disputas anteriores com a hierarquia bizantina. A partir de certa data, uma série de negociações com Roma conduziu a uma união relativamente bem aceita de parte a parte: de início, a aliança com os maronitas (por volta de 1179), que foi a mais duradoura; depois com os armênios, em 1197 e, finalmente com os jacobitas (a Igreja Siríaca), em 1246. Apesar de seus resultados incertos, esses diálogos ecumênicos permitiram que a Igreja Romana adquirisse um melhor conhecimento do Oriente cristão.

No plano social, como no plano religioso, as diversas comunidades mais coexistiram[62] do que se fundiram.

---

62. Após os massacres realizados nos dez primeiros anos, os cruzados passaram a tolerar os muçulmanos e judeus, cuja posição social passou a ser a mesma dos cristãos não francos. Diferentemente do que acontecia tantas vezes no Ocidente, em particular nessa época de fervor religioso, os judeus nunca sofreram pogroms no reino de Jerusalém ou nas senhorias, nem tampouco foram obrigados a usar marcas de infâmia, como a estrela de seis pontas. (N.A.)

O único testemunho contemporâneo que é invocado em favor da fusão é o de Foucher de Chârtres (primeira metade do século XII): – "Alguns dos nossos desposaram mulheres que não eram suas compatriotas, sírias ou armênias, ou até mesmo alguma sarracena que aceitou a graça do batismo... [...] aquele que era estrangeiro agora se tornou indígena..." –, e não parece ser suficiente. Ao contrário, existe um registro de Ousama que afirma: "Os francos só se casam com pessoas de sua própria raça". É provável que o primeiro depoimento se refira a pessoas de condição social inferior e o segundo à nobreza, que somente se aliava com gregos e armênios, embora desse preferência a estes últimos. Com os muçulmanos, os relacionamentos são ocasionais: havia uma política de boa vizinhança entre os emires de Shaizar, a família de Usamá e os senhores francos ou armênios, e o próprio Usamá mantinha relações de amizade com diversos francos, entre eles um templário; quando Balduíno IV adoeceu gravemente, Amaury mandou buscar um médico no Cairo. Esses exemplos constantemente citados são exceções que justificam a regra. Do mesmo modo, ainda que Ibn-Jobair, um andaluz em peregrinação à mesquita da Rocha (al-Aqsa) em Jerusalém (1183), tenha admitido que os muçulmanos estavam autorizados a partilhar duas mesquitas em São João d'Acre com os cristãos, só o fez após lastimar que "as mesquitas tenham sido transformadas em igrejas". Era o caso da referida mesquita de al-Aqsa, que tinha um anexo no qual Usamá sempre ia fazer suas preces, segundo ele mesmo escreveu, graças à proteção dos templários.

Os contatos com o Oriente favoreceram o nascimento de uma civilização original nos Estados Cruzados? Algumas influências superficiais foram exercidas sobre os costumes dos francos: modas ou roupas orientais ou a frequência a banhos públicos. Mas, sob tais aparências, apenas ocorria uma adaptação ao meio ou a uma vida urbana mais desenvolvida, enquanto o modelo geral da vida permanecia profundamente ocidental, como se pode comprovar claramente pelos sistemas de organização administrativa e jurídica. A mesma observação serve para as criações artísticas e intelectuais da Síria franca. Deve-se admitir que muitas vezes foram chamados artistas Sírios ou bizantinos: a igreja da Natividade, em Belém, foi decorada por artistas enviados por Manuel Comneno; as miniaturas do saltério da Rainha Melisande (1143-1151) foram inspiradas em modelos bizantinos; artesãos gregos, árabes e sírios trabalharam na decoração do palácio dos d'Ibelin, hoje demolido, que era cheio de fontes e estátuas e tinha pavimentos de mármore. Todavia, a maior parte das obras criadas nesse período por toda a Palestina, quer se trate de edifícios religiosos, como a igreja do Santo Sepulcro, as catedrais de Tortosa, Djibelete e de Beirute ou a igreja de Nossa Senhora de Nazaré ou de obras literárias, como *La Chanson des Chétifs* [A canção dos prisioneiros] ou as obras históricas de Foucher de Châtres, Guillaume de Tiro ou Felippo de Novara, permaneceram fiéis ao estilo ocidental. Os monumentos, na maior parte em estilo romano, mostravam a influência predominante dos franceses (particularmente os oriundos da região do Midi, no centro da França) sobre a sociedade e a civilização dos francos nos Estados da Terra Santa, em seu apogeu do século XII.

II. As cruzadas como uma confrontação entre o Oriente e o Ocidente

1. Bizâncio e as cruzadas – Embora dirigidas principalmente contra o Oriente Próximo muçulmano, as cruzadas foram em geral contrárias aos interesses do Império bizantino. Desse modo, é normal que as considerações políticas tenham determinado a atitude dos bizantinos para com as cruzadas. Para começar, havia uma desconfiança legítima com relação à passagem de tropas tão numerosas através do Império e às inevitáveis tropelias e conflitos que seriam provocados; isso foi complicado ainda mais pela presença nesses exércitos, a partir da metade do século XI, de normandos, inimigos tradicionais de Bizâncio e facilmente confundidos pelos gregos com os outros "bárbaros" ocidentais. Em outras ocasiões (por exemplo, em 1147), em vez de participarem da cruzada, os normandos se aproveitaram dela para atacar o Império no momento em que a maior parte de seu exército estava absorvida na vigilância da passagem das tropas dos cruzados. Aconteceu até mesmo, mais de uma vez, uma conjunção deliberada entre os empreendimentos guerreiros dos normandos contra Bizâncio e as cruzadas: por exemplo, em 1106, Bohémond pregou uma cruzada antibizantina através do Ocidente; do mesmo modo, após a derrota da Segunda Cruzada, Suger concebeu o projeto de uma expedição franco-normanda contra Bizâncio, o que ainda foi sugerido durante a cruzada de Henrique VI.[63] Mesmo sem esses casos comprovados, a simples coincidência de ataques normandos com a passagem das tropas destinadas a uma cruzada já era o suficiente para justificar amplamente a desconfiança dos bizantinos.

Por outro lado, as medidas tomadas para a simples proteção do Império (supervisão militar da passagem dos exércitos cruzados, aliança de Manuel Comneno com os turcos seljúcidas ou de Isaac Angelos com Saladino) provocaram acusações de traição. Desde a Primeira Cruzada, mas principalmente depois que as tropas da retaguarda dos cruzados foram derrotadas em 1101, Aléxis Comneno era referido como "pérfido, perjuro e traidor". A temática da "perfídia grega", amplificada pela propaganda espalhada por seus inimigos normandos, retornou a partir de então em todos os relatos das cruzadas e forneceu uma explicação fácil para os fracassos das diversas expedições, provocados pelos pecados dos grandes e dos prelados e pela vontade divina de castigá-los. Em 1204, idêntica acusação justificou duplamente a conquista de uma cidade considerada como "traidora" da cruzada e de seus soberanos bizantinos legítimos, ao mesmo tempo em que, do lado grego, a mesma cruzada tenha sido condenada definitivamente como apenas o pretexto para "uma expedição de pirataria", acusação parcialmente justificada, porque os venezianos, desejosos de vingança, haviam

---

63. Veja nas p. 58-59. (N.A.)

utilizado a cupidez dos latinos pelas riquezas de Bizâncio. Politicamente, as cruzadas do século XII não eram mais que uma manifestação da hostilidade dos latinos com relação ao Império Bizantino, e seus objetivos religiosos eram tão somente uma fachada.

Tudo considerado, a própria noção de cruzada é incompreensível para um bizantino: as lutas constantes do Império contra os persas ou contra o Islã nunca haviam assumido o caráter de uma guerra santa. As guerras travadas pelo imperador Heráclio contra os persas nunca foram "cruzadas", por mais que o Ocidente as quisesse interpretar desse modo a partir da Idade Média.[64] No final do século X, na época em que o imperador Nicéforo Focas empreendia na Síria setentrional expedições de reconquista que seu sucessor João Tzimisces levou até a Palestina, o patriarca de Constantinopla se recusou a atender ao pedido do imperador no sentido de honrar com o título de mártir os soldados mortos no combate aos infiéis. Fiel ao cristianismo primitivo, a Igreja Bizantina era hostil ao emprego de armas pelos leigos – o Cânone de São Basílio privava da comunhão durante três anos todos aqueles que tivessem "cometido algum assassinato durante as guerras" – *a fortiori* [muito especialmente] quando tivesse sido executado por algum clérigo. Em diversas ocasiões, padres ou monges ortodoxos foram depostos de seus cargos ou condenados pelo direito canônico por terem tomado armas contra os turcos. Desse modo, o espetáculo de padres latinos participando pessoalmente dos combates encheu Anna Comneno de indignação. Mesmo que esse fato, aliás também reprovado pelos costumes latinos, provavelmente tenha sido mais raro do que ela parecia crer, demonstra bem a significação do abismo ideológico que separava as mentalidades Latina e Grega em tal época.

Apesar dessas diferenças, a consciência de uma comunidade de religião permaneceu viva ao longo de todo o

---

64. É pela descrição destes conflitos que se inicia o *Relato,* de Guillaume de Tiro, cuja tradução francesa medieval trazia o título de *Estoire de Eracles Empereurs* [História do imperador Heráclio]. (N.A.)

século XII. Dos dois lados, esse argumento foi constantemente invocado para resolver diferenças ou opor-se a hostilidades; os Franceses, por exemplo, recusaram-se a atacar Constantinopla em 1147, apesar de terem sido incitados a fazê-lo pelo bispo de Langres. Durante a tomada de Zara, um partido chefiado por Simon de Montfort e pelo abade de Vaux de Cernay se recusou a atacar "uma cidade de cristãos" e a seguir também manifestou oposição à conclusão de um acordo com Aléxis, o Jovem, porque isso "era o mesmo que marchar contra cristãos, e eles não tinham partido de seus lares para executarem tal coisa". A tese oficial da legitimidade da ação contra um país cismático ocupa um lugar secundário até mesmo no relato de Villehardouin e, a julgar pelo testemunho de Robert de Clari, pareceu muito pouco convincente a muitos dos cruzados. A consciência do cisma, portanto, nunca chegou a ultrapassar os meios eclesiásticos; os eventos de 1204 provocaram a conjunção de uma série de fatores políticos e religiosos e foram os que realmente criaram a separação. O ódio aos latinos, ainda mais forte que o ódio aos turcos, tornou-se o principal elemento da consciência nacional bizantina, inseparável da ortodoxia.

2. O Islã e as cruzadas – Os fatos demonstram que as cruzadas não constituíram em absoluto uma resposta à "guerra santa" islâmica: no final do século XI, o ideal da *jihad* tinha perdido sua força de atração e só era conservado nas fronteiras orientais e na Ásia Menor pelos turcomanos que, sob a forma de *ghaswa* (incursões) realizavam pilhagens, ou no Sahara, pelos *Murâbitûn*. Por outro lado, o Ocidente latino se achava em uma fase de expansão às custas dos territórios islamitas, especialmente na Espanha e na Sicília. Em termos de doutrina, a situação era inversa: a guerra santa católica só podia ser defendida em termos de defesa e libertação dos cristãos oprimidos ou da Terra Santa, no que se referia às cruzadas, mesmo que esses motivos servissem para justificar conquistas territoriais; já a *jihad*, segundo a interpretação de alguns versículos do Alcorão (por exemplo,

29 da Nona Surata ou 4 e 5 da Surata 47), cujo peso rapidamente seria transmitido pela tradição a outras passagens menos belicosas invocadas em seu apoio, é uma guerra ofensiva destinada a submeter os infiéis, pelo menos até que estes reconheçam a *sharia*[65], a lei do Islã. Na prática, a sociedade muçulmana medieval reconhecia a existência em seu meio de comunidades de não crentes, especialmente judeus e cristãos, aos quais concedia a *dhimma*, hospitalidade e proteção, desde que eles reconhecessem em troca a autoridade muçulmana estabelecida, pagando um imposto per cápita denominado *djizya* que, ao mesmo tempo, os distinguia e determinava sua condição social de inferioridade. Por seu lado, os diversos Estados cristãos do Oriente ou da Sicília permitiam que as comunidades muçulmanas conservassem suas instituições administrativas e judiciárias próprias (cádis e muftis) e mesmo uma liberdade de culto relativa. Desse modo, as condições correspondentes entre francos e árabes em seus respectivos territórios eram mais semelhantes do que geralmente se acredita. Os excessos das primeiras cruzadas, durante a tomada de Maarat-an-Numan ou de Jerusalém – que eram, afinal de contas, uma característica clássica de todo assalto, quaisquer que fossem os assaltantes – haviam sido sucedidos por uma coabitação aceitável. O historiador moderno deveria evitar a emissão de julgamentos anacrônicos sobre eventos antigos dominados por outros tipos de mentalidade.

As cruzadas chegaram a causar uma grande impressão sobre o mundo islamita? Sem dúvida, os muçulmanos ignoravam seus motivos religiosos – nunca criaram um termo particular para designar os cruzados, que sempre foram referidos como "francos", não importando sua origem. Essas expedições, bastante reduzidas quando finalmente chegavam à Síria, não pareciam representar uma maior ameaça para os países islâmicos que as sucessivas ofensivas bizantinas do final do século X. Entretanto, diferentemente destas últimas,

---

65. "Submissão", em árabe. (N.T.)

as cruzadas criaram estabelecimentos cristãos duradouros nas margens do Oriente Próximo muçulmano. Foi unicamente a persistência dessa implantação franca que provocou uma certa reação muçulmana. Mas é preciso não exagerar sua extensão: os relatos sobre as ofensivas dos cruzados ocupam um lugar restrito nas crônicas árabes, com exceção de algumas crônicas de autores originários das regiões vizinhas aos Estados francos – por exemplo, os manuscritos de Ibn-al-Qalanisi e de Ibn-al-Atir. Foi unicamente a opinião pública das regiões ameaçadas ou lesadas – em primeiro plano a Síria setentrional, que perdeu seus territórios costeiros, justamente os mais ricos e foi atingida profundamente em suas relações comerciais marítimas e terrestres com o Egito –, que manifestou uma verdadeira hostilidade com relação aos cruzados. Ainda que outros países árabes tivessem contribuído com tropas ou dinheiro para a luta contra os francos, mesmo que a inação dos califas ou dos governantes locais tenha algumas vezes dado margem a manifestações de fanáticos em Bagdá ou em Damasco, a unidade islâmica não pode ser comparada em um só momento com a da cristandade ocidental. A guerra contra os francos foi travada essencialmente pelos primeiros príncipes ayubidas e mais tarde pelos mamelucos. Seria errôneo acreditar que as cruzadas tivessem provocado "contracruzadas". Mesmo que os velhos temas da *jihad* e a posição de Jerusalém entre os lugares santos islâmicos tenham provocado uma renovação do interesse bélico-religioso durante o século XII, a guerra santa islâmica foi mais um meio para reunir a Djazirá com a Síria, unificar árabes e curdos, aliar a Síria com o Egito e eliminar os grupos xiitas do que o motivo para uma unificação política e religiosa contra os invasores. Por outro lado, o estabelecimento de um estado militar no Egito no século XIII pode ser considerado como uma consequência direta das cruzadas; a intolerância desse estado com relação aos *dhimmis*, particularmente àqueles não crentes que se haviam aliado com os francos ou com os mongóis (os maronitas foram expulsos das cidades costeiras para o interior do Líbano, enquanto os armênios da Cilícia eram massacrados durante o século XIV), era melhor explicado pelo temor de ver os mongóis, apoiados pelos francos, destruírem o estado muçulmano mais florescente dessa época.

Nem as cruzadas, nem o estabelecimento de cruzados no Oriente Próximo, por outro lado, favoreceram o conhecimento recíproco das duas civilizações. Seus contatos mútuos foram muito mais fecundos na Espanha, na Sicília e, até certo ponto, em Constantinopla a partir de 1204. Para tomarmos somente um exemplo, a primeira tradução do Alcorão foi feita em Castela mediante ordem de Pedro, o Venerável (1143), e as obras de Aristóteles chegaram ao Ocidente principalmente através da Espanha. Não resta dúvida de que, em certas ocasiões, os francos da Palestina se interessaram pelo mundo árabe, cuja língua haviam aprendido. Renaud de Sidon encomendou comentários sobre as obras árabes e Guillaume de Tiro pretendia mesmo escrever uma história dos príncipes do Oriente, mas esse conhecimento foi privilégio apenas de uns poucos, sem que se expandisse através do Ocidente.

Diretamente, a influência das cruzadas foi muito mais negativa. Como toda propaganda, aquela feita em favor da cruzadas, particularmente as *excitatoria* nos documentos oficiais, se esforçou para desnaturar a imagem dos inimigos. Houve acusações de idolatria, comuns desde a Primeira Cruzada[66], repetidas sob diversas formas até mesmo em Roger Bacon – chegou-se a afirmar que o objeto de veneração em Meca era um ídolo de Vênus e que uma estátua de Maomé fora erguida em Jerusalém para ser adorada pelos muçulmanos! A estas foram sendo reunidas acusações de imoralidade e, paradoxalmente, de que a religião maometana louvava e justificava a violência.

Na verdade, esta última reprovação partiu principalmente de missionários, como Riccoldo de Monte Croce (final do século XIII) e de Juan de Segóvia (século XV), persuadidos de que o Cristianismo era incompatível com a

---

66. Veja na p. 18. (N.A.).

violência e que apenas argumentos racionais conduziriam à conversão dos muçulmanos. As cruzadas, para falar a verdade, serviram principalmente para fazer a cristandade ter de enfrentar o problema da existência de uma massa considerável de descrentes de cuja amplitude não fazia a menor ideia anteriormente. Pedro, o Venerável já acreditava que os muçulmanos constituíam um terço da humanidade ou mesmo a metade da população mundial e se dirigiu a eles, com um certo grau de retórica, da seguinte maneira:

> Eu vos ataco, não como o fazem frequentemente os nossos guerreiros pela força das armas, mas sim pela palavra; não pelo uso da força, mas pelo da razão; não pelo poder do ódio, mas pelo poder do amor. [...] Eu vos amo e é por amor que vos escrevo, porque, quando vos escrevo, eu vos convido a aceitardes a salvação.

Mas as "disputas racionais" assim buscadas foram de fato muito raras e, falando francamente, os missionários franciscanos ou de outras ordens buscavam mais o martírio nos países muçulmanos do que a conquista da almas. Guillaume de Trípoli alegou ter feito numerosas conversões na Palestina, mas, segundo tudo leva a entender, as passagens de cristãos, latinos ou não, para o islamismo foram muito mais numerosas. Contudo, alguns missionários ao menos transmitiam para o Ocidente uma imagem mais verídica do Islã: o próprio Riccoldo louva nos muçulmanos a interioridade da prece, a santidade do nome de Deus, a prática da esmola e da hospitalidade. Um conceito bem distante das imagens caricaturais do início das cruzadas. Ao contribuírem para alargar o horizonte geográfico e mental da cristandade do século XII, as próprias cruzadas estavam elaborando uma das causas de seu declínio.

Conclusão

Poucos fenômenos históricos despertaram tantas paixões quanto as cruzadas, constantemente invocadas quando se acha em causa o conceito da "guerra santa" em geral ou qualquer outro conflito entre o Oriente e o Ocidente, revestido sempre de uma forma bastante sumária de desconhecimento de seu contexto histórico e às vezes de uma ignorância total a seu respeito. Apreciar seu "impacto" ou fazer um balanço de seus lucros e perdas será, portanto, um tanto desconfortável, mas algumas observações nesse sentido não serão inúteis.

A curto prazo, elas ajudaram a Europa a atenuar as constantes desordens que reinavam entre os cristãos, mas por outro lado favoreceram frequentes manifestações de antissemitismo, ao mesmo tempo em que empobreceram de forma mais ou menos durável muitos daqueles que partiram para a Terra Santa. A médio prazo, seus custos consideráveis (transporte de tropas, manutenção de guarnições, construção de defesas) estiveram na origem das cobranças permanentes de impostos pelos fiscos reais e pontifícios. Seu financiamento, se não foi a causa principal, certamente acentuou um importante fluxo monetário para o levante, tanto em lingotes como em moedas de ouro e de prata.

No Oriente, tiveram o efeito de interromper por algum tempo o avanço dos turcos, conseguiram criar uma "colônia" original, no sentido de que não tinha uma metrópole definida, e contribuíram, pelo menos parcialmente, para o desenvolvimento do comércio com o levante que, mesmo desviado da Síria após a queda final de São João d'Acre, haveria de permanecer vivo durante vários séculos.

A longo prazo, além de seu fracasso final na conservação da Terra Santa, elas acentuaram no Oriente a ruptura entre Cristãos e Muçulmanos, provocada pela desconfiança dos cristãos que se difundiu entre os países árabes, e sobretudo causou o surgimento de um largo fosso entre os latinos e os ortodoxos, uma divisão duradoura, que até os dias de hoje não pôde ser fechada. Por outro lado, mesmo que hoje em dia seja necessário relativizar a função das cruzadas no estabelecimento de contatos intelectuais entre as duas culturas, já que estes foram muito mais ativos e fecundos nas "fronteiras" da Espanha e da Sicília, tampouco se pode minimizar excessivamente sua influência direta ou indireta sobre a transmissão e desenvolvimento através do Ocidente de certas técnicas (por exemplo, de navegação) ou de processos administrativos e econômicos, ou ainda de produção industrial, que eram até então desconhecidos.

Permaneceu sobretudo o ideal específico das cruzadas, que não representa uma guerra santa universal nem uma empresa deliberada de conversão, mas uma guerra "justa", limitada à libertação do Santo Sepulcro: a convicção de que o "Caminho da Cruz", empreendido a serviço de uma empresa comum e capaz de transcender divisões e separações territoriais e ideológicas entre os cristãos, constituía o meio de uma penitência real e de uma conversão duradoura do crente – em resumo, uma contribuição decisiva para a constituição da cristandade ocidental em termos de sua espiritualidade.

Bibliografia[67]

I. OBRAS PRINCIPAIS

Alphandéry, P. e Dupront, A., *La chrétienté et l'idée de croisade*. Paris, 1954-59, 2 volumes, reimpressão 1995 (com posfácio de M. Balard).

Balard, M., *Les croisades*. Paris, Éditions MA, 1988.

Balard, M., *Croisades et Orient latin*. Paris, Editora A. Colin, 2003.

Balard, M. (editor), *Autour de la Prémière Croisade*. Paris, 1996.

Boas, A., *Crusader Archaeology*. Londres & New York: Routledge, 1999.

Brundage, J. A., *Medieval Canon Law and the Crusader*. Madison, Montana, 1969.

Buchtal, H., *Miniature Painting in the Latin Kingdom of Jerusalem*. 1957.

Cahen, C., *Orient et Occident au temps des croisades*. Paris, 1983.

Delaruelle, E., *L'idée de croisade au Moyen Age*. Torino, Itália, 1980.

Deschamps, P., *Les châteaux des croisés en Terre Sainte: Le crac des chevaliers*. Paris, 1934.

Deschamps, P., *La défense du royaume de Jerusalém*. Paris, 1939.

Dupront, A., *Le mythe de la croisade*. Paris, 1997, 4 volumes.

Enlart, C., *Les monuments des croisés dans le royaume de Jérusalem*. Paris, 1925-1928.

Erdmann, C., *The Origin of the Idea of Crusade*. Princeton, 1977 (tradução inglesa da edição alemã de 1935).

---

67. H. E. Mayer, em *Bibliographie der Kreuzzüge* [Bibliografia dos Caminhos da Cruz] já reuniu mais de cinco mil obras e artigos referentes a essa temática. Esta foi publicada pelo mesmo autor na *Historische Zeitschrift* [Revista Histórica], em 1969 e igualmente no Volume VI de *History of the Crusades* [História das cruzadas], de 1989, na qual uma *"Select Bibliography"* [Bibliografia escolhida] temática e indexada ocupa as páginas 511 a 664. Além disso, a Society for the Study of the Crusades and the Latin East [Sociedade para o estudo das cruzadas e do Oriente latino] publicou anualmente, entre 1982 e 2001, um anuário registrando os novos trabalhos publicados ou em andamento e, a partir de 2002, passou a publicar uma revista anual especializada, de que faz parte esse anuário. (N.A.)

Flori, J., *La guerre sainte et la formation de l'idée de croisade dans l'Occident chrétien*. Paris, 2001.

Flori, J., *Guerre sainte, Jihad, croisade*. Paris, 2002.

Flori, J., *Pierre l'Ermite et la Prémière Croisade*. Paris, 1999.

Grousset, R., *Histoire des croisades et du royaume franc de Jérusalem*. Paris, 1934-1936, 3 volumes.

Hillenbrand, C., *The Crusades: An Islamic Perspective*. Edinburgh University Press, 1999.

Housley, N. J., *The Later Crusades from Lyon to Alcazar, 1274-1580*. Oxford, 1992.

Kedar, B. Z., *Crusade and Mission: European Approaches Toward the Muslims*. Princeton, 1984.

Laiou, A. & Mottahedeh, R. P. (editores), *The Crusades from the Perspective of Byzantium and the Muslim World*. Washington, 2001.

Laiou, A. (editor), *Urbs Capta: La IVe. croisade et ses conséquences*. Paris, 2005, (publicada na revista *Réalités byzantines* n. 10).

Mayer, H. E., *The Crusades*. tradução inglesa, Oxford, 1972; segunda edição, 1988.

Prawer, J., *Histoire du royaume latin de Jérusalem*. Paris, Editora CNRS, 1969-1971, 2 volumes, reimpressão 2000.

Prawer, J., *The Latin Kingdom of Jerusalem: European Colonialism in the Middle Ages*. Londres, 1972.

Prawer, J., *Crusader Institutions*. Oxford, 1980.

Richard, J., *Histoire des croisades*. Paris, 1996.

Richard, J., *La Papauté et les missions d'Orient au Moyen Âge (XIIIe.-XVe. s.)*. Roma, 1977.

Richard, J., *Le royaume latin de Jérusalem*. Paris, 1953.

Riley-Smith, J. (editor), *The Oxford Illustrated History of the Crusades*. Oxford, 1995.

Riley-Smith, J., *Atlas des Croisades*. Paris, 1996.

Runciman, S., *A History of the Crusades*. Cambridge, 1951-54, 3 volumes.

Setton, K. M. (editor principal), *A History of the Crusades*. University of Wisconsin Press, 1969-1989, 6 volumes.

Setton, K. M., *The Papacy and the Levant*. Philadelphia, Pennsylvania, 1974-1984, 4 volumes.

Siberry, E., *Criticism of Crusading 1095-1274*. Oxford, 1985.

Sivan, E., *L'Islam et la croisade*. Paris, 1968.

Smail, R. C., *Crusading Warfare (1097-1193)*. Cambridge, 1956.

Tate, G., *L'Orient des Croisades*. Paris, Gallimard, coleção "Découvertes", 1991 (rica iconografia e escolha de textos).

Tibble, S., *Monarchy and Lordship in the Latin Kingdom of Jerusalem, 1099-1291*. Oxford & New York, 1989.

A coleção *"Variorum Reprints"* (Aldershot, Inglaterra, Reino Unido) reúne artigos de muitos autores, entre eles B. Arbel, E. Ashtor, D. Ayalon, M. Balard, J. A. Brundage, C. Cahen, G. Constable, P. W. Edbury, B. W. Hamilton, D. Jacoby, B. Kedar, P. Lemerle, A. Luttrell, H. E. Mayer, D. Pringle, D. E. Queller, J. Richard, W. H. Rudt de Collenberg, K. M. Setton e E. Siberry.

II. ALGUNS TEXTOS ANTIGOS

A maior parte dos textos ocidentais e orientais (estes últimos com a tradução correspondente) relativos à história das cruzadas foi reunida no século XIX na *Recueil des historiens des croisades* (cinco volumes de textos latinos ou franceses; dois volumes de "Leis"; dois volumes de textos gregos; dois volumes de textos armênios; e cinco volumes de textos árabes). Essa coleção, de valor incontestável e sempre consultada, foi reimpressa (Gregg Press, Farnborough, 1969. Veja Claude Cahen, *Journal des Savants* [Revista dos Eruditos], abril-junho de 1970, p. 94-104). Com referência a Guillaume de Tiro, veja principalmente a reedição crítica e comentada de R. B. Huyghens, Turnhout, Holanda, 1986. Cito aqui alguns textos mais acessíveis: *Histoire anonyme de la Ie. Croisade*, edição L. Bréhier, Paris, 1924; *La chanson d'Antioche*, editada por P. Paris e publicada em Paris, 1848; *Itinera Hyerosomilitana crucesignatorum*, S. de Sandoli (editor), Jerusalém, 1978-1984, em quatro volumes, reunindo os caminhos percorridos e os relatos de peregrinações. Uma grande coletânea de traduções de textos completos (canções dos cruzados, crônicas incluindo as de Guillaume de Tiro e de Haython, relatos de peregrinos cristãos ou judeus) foi publicada sob o nome de *Croisades et Pélerinages*, Paris, editora Laffont, coleção *"Bosquins"*, em 1997.

Clari, Robert de, *La conquête de Constantinople*, Paris: Ed. Ph. Lauer, 1924.

Deuil, Odon de, *La croisade de Louis VII, roi de France*, Paris, Editora H. Waquet, 1949.

Joinville, *Histoire de Saint Louis*, editor, J. Monfrin, Paris; Garnier, 1995.

Novara, Felippo de, *Mémoires*, Paris: Ed. Ch. Kohler, 1913.

Villehardouin, *La conquête de Constantinople*, Paris: Editora E. Faral, 1938-1939.

(Os textos de Villehardouin, Robert de Clari e Joinville também se acham reunidos no volume da Bibliothèque de la Pléiade intitulado *Historiens et Chroniqueurs de Moyen Age*.

Bédier, J., *Les chansons de croisade*, Paris, 1909.
Croce, Riccoldo de Monte, *Pérégrination em Terre Sainte et au Proche-Orient* (texto latino e tradução francesa) e *Lettres sur la chute de Saint-Jean d'Acre* (texto único francês), Paris, Editora R. Kappler, 1997;
Vitry, Jacques de, traduzido para francês moderno por G. Duchet--Suchaux, Paris: Brepols, 1988.

Em inglês, há coletâneas comentadas por L. e J. Riley-Smith, *The Crusades: Idea and Reality, 1095-1274*, Londres, 1981 e por P. W. Edbury, *The Conquest of Jerusalém and the Third Crusade*, Ashgate, 1996; do mesmo modo, existem numerosas traduções inglesas de autores não traduzidos em francês ou pouco acessíveis (*The Chronicle of Fulcher de Chârtres and Other Sources*), Pennsylvania University Press, 1998; *Günther de Pairis*, Pennsylvania University Press, 1997; *Iter peregrinorum et Gestas Regis Ricardi*, Variorum, 1997. A partir de 2001, cerca de quinze traduções foram publicadas na série "*Crusade Texts in Translation*", editada por M. Barber *et alii*, Ashgate.

al-Qalanisi, Ibn, *Chronique (Damas de 1075 à 1154)*, Paris, Editora Le Tourneau, 1952.
Comneno, Anna, *Alexiade*, comentada por G. Budé, Paris, Editora B. Leib, 1937-1945.
Michel le Syrien, Paris, Editora B. Chabot, tomo III, 1904.
Munqidh, Usama ibn, *Des enseignements de la vie (Souvenirs d'un Gentilhomme Syrien du Temps des Croisades)*, apresentação e tradução de A. Miquel, Paris, 1983.

Também se poderão encontrar trechos escolhidos em: J. Richard, *L'esprit de la croisade*, Paris, 1969 (reimpressão de 2000); F. Gabrieli, *Chroniques Arabes des Croisades*, Paris, 1977 (4ª Edição, 1996); e *L'Orient au temps des croisades* (textos árabes traduzidos e comentados por A.-M. Eddé & F. Micheau), Paris, 2002.

Coleção L&PM POCKET (Lançamentos mais recentes)

930. **Aulete de bolso**
931. **Hora Zero** – Agatha Christie
932. **Morte na Mesopotâmia** – Agatha Christie
934. **Nem te conto, João** – Dalton Trevisan
935. **As aventuras de Huckleberry Finn** – Mark Twain
936.(21).**Marilyn Monroe** – Anne Plantagenet
937. **China moderna** – Rana Mitter
938. **Dinossauros** – David Norman
939. **Louca por homem** – Claudia Tajes
940. **Amores de alto risco** – Walter Riso
941. **Jogo de damas** – David Coimbra
942. **Filha é filha** – Agatha Christie
943. **M ou N?** – Agatha Christie
945. **Bidu: diversão em dobro!** – Mauricio de Sousa
946. **Fogo** – Anaïs Nin
947. **Rum: diário de um jornalista bêbado** – Hunter Thompson
948. **Persuasão** – Jane Austen
949. **Lágrimas na chuva** – Sergio Faraco
950. **Mulheres** – Bukowski
951. **Um pressentimento funesto** – Agatha Christie
952. **Cartas na mesa** – Agatha Christie
954. **O lobo do mar** – Jack London
955. **Os gatos** – Patricia Highsmith
956.(22).**Jesus** – Christiane Rancé
957. **História da medicina** – William Bynum
958. **O Morro dos Ventos Uivantes** – Emily Brontë
959. **A filosofia na era trágica dos gregos** – Nietzsche
960. **Os treze problemas** – Agatha Christie
961. **A massagista japonesa** – Moacyr Scliar
963. **Humor do miserê** – Nani
964. **Todo o mundo tem dúvida, inclusive você** – Édison de Oliveira
965. **A dama do Bar Nevada** – Sergio Faraco
969. **O psicopata americano** – Bret Easton Ellis
970. **Ensaios de amor** – Alain de Botton
971. **O grande Gatsby** – F. Scott Fitzgerald
972. **Por que não sou cristão** – Bertrand Russell
973. **A Casa Torta** – Agatha Christie
974. **Encontro com a morte** – Agatha Christie
975.(23).**Rimbaud** – Jean-Baptiste Baronian
976. **Cartas na rua** – Bukowski
977. **Memória** – Jonathan K. Foster
978. **A abadia de Northanger** – Jane Austen
979. **As pernas de Úrsula** – Claudia Tajes
980. **Retrato inacabado** – Agatha Christie
981. **Solanin (1)** – Inio Asano
982. **Solanin (2)** – Inio Asano
983. **Aventuras de menino** – Mitsuru Adachi
984.(16).**Fatos & mitos sobre sua alimentação** – Dr. Fernando Lucchese
985. **Teoria quântica** – John Polkinghorne
986. **O eterno marido** – Fiódor Dostoiévski
987. **Um safado em Dublin** – J. P. Donleavy
988. **Mirinha** – Dalton Trevisan
989. **Akhenaton e Nefertiti** – Carmen Seganfredo e A. S. Franchini
990. **On the Road – o manuscrito original** – Jack Kerouac
991. **Relatividade** – Russell Stannard
992. **Abaixo de zero** – Bret Easton Ellis
993.(24).**Andy Warhol** – Mériam Korichi
995. **Os últimos casos de Miss Marple** – Agatha Christie
996. **Nico Demo: Aí vem encrenca** – Mauricio de Sousa
998. **Rousseau** – Robert Wokler
999. **Noite sem fim** – Agatha Christie
1000. **Diários de Andy Warhol (1)** – Editado por Pat Hackett
1001. **Diários de Andy Warhol (2)** – Editado por Pat Hackett
1002. **Cartier-Bresson: o olhar do século** – Pierre Assouline
1003. **As melhores histórias da mitologia: vol. 1** – A.S. Franchini e Carmen Seganfredo
1004. **As melhores histórias da mitologia: vol. 2** – A.S. Franchini e Carmen Seganfredo
1005. **Assassinato no beco** – Agatha Christie
1006. **Convite para um homicídio** – Agatha Christie
1008. **História da vida** – Michael J. Benton
1009. **Jung** – Anthony Stevens
1010. **Arsène Lupin, ladrão de casaca** – Maurice Leblanc
1011. **Dublinenses** – James Joyce
1012. **120 tirinhas da Turma da Mônica** – Mauricio de Sousa
1013. **Antologia poética** – Fernando Pessoa
1014. **A aventura de um cliente ilustre** *seguido de* **O último adeus de Sherlock Holmes** – Sir Arthur Conan Doyle
1015. **Cenas de Nova York** – Jack Kerouac
1016. **A corista** – Anton Tchékhov
1017. **O diabo** – Leon Tolstói
1018. **Fábulas chinesas** – Sérgio Capparelli e Márcia Schmaltz
1019. **O gato do Brasil** – Sir Arthur Conan Doyle
1020. **Missa do Galo** – Machado de Assis
1021. **O mistério de Marie Rogêt** – Edgar Allan Poe
1022. **A mulher mais linda da cidade** – Bukowski
1023. **O retrato** – Nicolai Gogol
1024. **O conflito** – Agatha Christie
1025. **Os primeiros casos de Poirot** – Agatha Christie
1027.(25).**Beethoven** – Bernard Fauconnier
1028. **Platão** – Julia Annas
1029. **Cleo e Daniel** – Roberto Freire
1030. **Til** – José de Alencar
1031. **Viagens na minha terra** – Almeida Garrett
1032. **Profissões para mulheres e outros artigos feministas** – Virginia Woolf
1033. **Mrs. Dalloway** – Virginia Woolf
1034. **O cão da morte** – Agatha Christie

1035. **Tragédia em três atos** – Agatha Christie
1037. **O fantasma da Ópera** – Gaston Leroux
1038. **Evolução** – Brian e Deborah Charlesworth
1039. **Medida por medida** – Shakespeare
1040. **Razão e sentimento** – Jane Austen
1041. **A obra-prima ignorada** *seguido de* **Um episódio durante o Terror** – Balzac
1042. **A fugitiva** – Anaïs Nin
1043. **As grandes histórias da mitologia greco-romana** – A. S. Franchini
1044. **O corno de si mesmo & outras historietas** – Marquês de Sade
1045. **Da felicidade** *seguido de* **Da vida retirada** – Sêneca
1046. **O horror em Red Hook e outras histórias** – H. P. Lovecraft
1047. **Noite em claro** – Martha Medeiros
1048. **Poemas clássicos chineses** – Li Bai, Du Fu e Wang Wei
1049. **A terceira moça** – Agatha Christie
1050. **Um destino ignorado** – Agatha Christie
1051(26). **Buda** – Sophie Royer
1052. **Guerra Fria** – Robert J. McMahon
1053. **Simons's Cat: as aventuras de um gato travesso e comilão – vol. 1** – Simon Tofield
1054. **Simons's Cat: as aventuras de um gato travesso e comilão – vol. 2** – Simon Tofield
1055. **Só as mulheres e as baratas sobreviverão** – Claudia Tajes
1057. **Pré-história** – Chris Gosden
1058. **Pintou sujeira!** – Mauricio de Sousa
1059. **Contos de Mamãe Gansa** – Charles Perrault
1060. **A interpretação dos sonhos: vol. 1** – Freud
1061. **A interpretação dos sonhos: vol. 2** – Freud
1062. **Frufru Rataplã Dolores** – Dalton Trevisan
1063. **As melhores histórias da mitologia egípcia** – Carmem Seganfredo e A.S. Franchini
1064. **Infância. Adolescência. Juventude** – Tolstói
1065. **As consolações da filosofia** – Alain de Botton
1066. **Diários de Jack Kerouac – 1947-1954**
1067. **Revolução Francesa – vol. 1** – Max Gallo
1068. **Revolução Francesa – vol. 2** – Max Gallo
1069. **O detetive Parker Pyne** – Agatha Christie
1070. **Memórias do esquecimento** – Flávio Tavares
1071. **Drogas** – Leslie Iversen
1072. **Manual de ecologia (vol.2)** – J. Lutzenberger
1073. **Como andar no labirinto** – Affonso Romano de Sant'Anna
1074. **A orquídea e o serial killer** – Juremir Machado da Silva
1075. **Amor nos tempos de fúria** – Lawrence Ferlinghetti
1076. **A aventura do pudim de Natal** – Agatha Christie
1078. **Amores que matam** – Patricia Faur
1079. **Histórias de pescador** – Mauricio de Sousa
1080. **Pedaços de um caderno manchado de vinho** – Bukowski
1081. **A ferro e fogo: tempo de solidão (vol.1)** – Josué Guimarães
1082. **A ferro e fogo: tempo de guerra (vol.2)** – Josué Guimarães

1084(17). **Desembarcando o Alzheimer** – Dr. Fernando Lucchese e Dra. Ana Hartmann
1085. **A maldição do espelho** – Agatha Christie
1086. **Uma breve história da filosofia** – Nigel Warburton
1088. **Heróis da História** – Will Durant
1089. **Concerto campestre** – L. A. de Assis Brasil
1090. **Morte nas nuvens** – Agatha Christie
1092. **Aventura em Bagdá** – Agatha Christie
1093. **O cavalo amarelo** – Agatha Christie
1094. **O método de interpretação dos sonhos** – Freud
1095. **Sonetos de amor e desamor** – Vários
1096. **120 tirinhas do Dilbert** – Scott Adams
1097. **200 fábulas de Esopo**
1098. **O curioso caso de Benjamin Button** – F. Scott Fitzgerald
1099. **Piadas para sempre: uma antologia para morrer de rir** – Visconde da Casa Verde
1100. **Hamlet (Mangá)** – Shakespeare
1101. **A arte da guerra (Mangá)** – Sun Tzu
1104. **As melhores histórias da Bíblia (vol.1)** – A. S. Franchini e Carmen Seganfredo
1105. **As melhores histórias da Bíblia (vol.2)** – A. S. Franchini e Carmen Seganfredo
1106. **Psicologia das massas e análise do eu** – Freud
1107. **Guerra Civil Espanhola** – Helen Graham
1108. **A autoestrada do sul e outras histórias** – Julio Cortázar
1109. **O mistério dos sete relógios** – Agatha Christie
1110. **Peanuts: Ninguém gosta de mim... (amor)** – Charles Schulz
1111. **Cadê o bolo?** – Mauricio de Sousa
1112. **O filósofo ignorante** – Voltaire
1113. **Totem e tabu** – Freud
1114. **Filosofia pré-socrática** – Catherine Osborne
1115. **Desejo de status** – Alain de Botton
1118. **Passageiro para Frankfurt** – Agatha Christie
1120. **Kill All Enemies** – Melvin Burgess
1121. **A morte da sra. McGinty** – Agatha Christie
1122. **Revolução Russa** – S. A. Smith
1123. **Até você, Capitu?** – Dalton Trevisan
1124. **O grande Gatsby (Mangá)** – F. S. Fitzgerald
1125. **Assim falou Zaratustra (Mangá)** – Nietzsche
1126. **Peanuts: É para isso que servem os amigos (amizade)** – Charles Schulz
1127(27). **Nietzsche** – Dorian Astor
1128. **Bidu: Hora do banho** – Mauricio de Sousa
1129. **O melhor do Macanudo Taurino** – Santiago
1130. **Radicci 30 anos** – Iotti
1131. **Show de sabores** – J.A. Pinheiro Machado
1132. **O prazer das palavras – vol. 3** – Cláudio Moreno
1133. **Morte na praia** – Agatha Christie
1134. **O fardo** – Agatha Christie
1135. **Manifesto do Partido Comunista (Mangá)** – Marx & Engels
1136. **A metamorfose (Mangá)** – Franz Kafka
1137. **Por que você não se casou... ainda** – Tracy McMillan
1138. **Textos autobiográficos** – Bukowski
1139. **A importância de ser prudente** – Oscar Wilde

1140. **Sobre a vontade na natureza** – Arthur Schopenhauer
1141. **Dilbert (8)** – Scott Adams
1142. **Entre dois amores** – Agatha Christie
1143. **Cipreste triste** – Agatha Christie
1144. **Alguém viu uma assombração?** – Mauricio de Sousa
1145. **Mandela** – Elleke Boehmer
1146. **Retrato do artista quando jovem** – James Joyce
1147. **Zadig ou o destino** – Voltaire
1148. **O contrato social (Mangá)** – J.-J. Rousseau
1149. **Garfield fenomenal** – Jim Davis
1150. **A queda da América** – Allen Ginsberg
1151. **Música na noite & outros ensaios** – Aldous Huxley
1152. **Poesias inéditas & Poemas dramáticos** – Fernando Pessoa
1153. **Peanuts: Felicidade é...** – Charles M. Schulz
1154. **Mate-me por favor** – Legs McNeil e Gillian McCain
1155. **Assassinato no Expresso Oriente** – Agatha Christie
1156. **Um punhado de centeio** – Agatha Christie
1157. **A interpretação dos sonhos (Mangá)** – Freud
1158. **Peanuts: Você não entende o sentido da vida** – Charles M. Schulz
1159. **A dinastia Rothschild** – Herbert R. Lottman
1160. **A Mansão Hollow** – Agatha Christie
1161. **Nas montanhas da loucura** – H.P. Lovecraft
1162.(28). **Napoleão Bonaparte** – Pascale Fautrier
1163. **Um corpo na biblioteca** – Agatha Christie
1164. **Inovação** – Mark Dodgson e David Gann
1165. **O que toda mulher deve saber sobre os homens: a afetividade masculina** – Walter Riso
1166. **O amor está no ar** – Mauricio de Sousa
1167. **Testemunha de acusação & outras histórias** – Agatha Christie
1168. **Etiqueta de bolso** – Celia Ribeiro
1169. **Poesia reunida (volume 3)** – Affonso Romano de Sant'Anna
1170. **Emma** – Jane Austen
1171. **Que seja em segredo** – Ana Miranda
1172. **Garfield sem apetite** – Jim Davis
1173. **Garfield: Foi mal...** – Jim Davis
1174. **Os irmãos Karamázov (Mangá)** – Dostoiévski
1175. **O Pequeno Príncipe** – Antoine de Saint-Exupéry
1176. **Peanuts: Ninguém mais tem o espírito aventureiro** – Charles M. Schulz
1177. **Assim falou Zaratustra** – Nietzsche
1178. **Morte no Nilo** – Agatha Christie
1179. **Ê, soneca boa** – Mauricio de Sousa
1180. **Garfield a todo o vapor** – Jim Davis
1181. **Em busca do tempo perdido (Mangá)** – Proust
1182. **Cai o pano: o último caso de Poirot** – Agatha Christie
1183. **Livro para colorir e relaxar** – Livro 1
1184. **Para colorir sem parar**
1185. **Os elefantes não esquecem** – Agatha Christie
1186. **Teoria da relatividade** – Albert Einstein
1187. **Compêndio da psicanálise** – Freud
1188. **Visões de Gerard** – Jack Kerouac
1189. **Fim de verão** – Mohiro Kitoh
1190. **Procurando diversão** – Mauricio de Sousa
1191. **E não sobrou nenhum e outras peças** – Agatha Christie
1192. **Ansiedade** – Daniel Freeman & Jason Freeman
1193. **Garfield: pausa para o almoço** – Jim Davis
1194. **Contos do dia e da noite** – Guy de Maupassant
1195. **O melhor de Hagar 7** – Dik Browne
1196.(29). **Lou Andreas-Salomé** – Dorian Astor
1197.(30). **Pasolini** – René de Ceccatty
1198. **O caso do Hotel Bertram** – Agatha Christie
1199. **Crônicas de motel** – Sam Shepard
1200. **Pequena filosofia da paz interior** – Catherine Rambert
1201. **Os sertões** – Euclides da Cunha
1202. **Treze à mesa** – Agatha Christie
1203. **Bíblia** – John Riches
1204. **Anjos** – David Albert Jones
1205. **As tirinhas do Guri de Uruguaiana 1** – Jair Kobe
1206. **Entre aspas (vol.1)** – Fernando Eichenberg
1207. **Escrita** – Andrew Robinson
1208. **O spleen de Paris: pequenos poemas em prosa** – Charles Baudelaire
1209. **Satíricon** – Petrônio
1210. **O avarento** – Molière
1211. **Queimando na água, afogando-se na chama** – Bukowski
1212. **Miscelânea septuagenária: contos e poemas** – Bukowski
1213. **Que filosofar é aprender a morrer e outros ensaios** – Montaigne
1214. **Da amizade e outros ensaios** – Montaigne
1215. **O medo à espreita e outras histórias** – H.P. Lovecraft
1216. **A obra de arte na era de sua reprodutibilidade técnica** – Walter Benjamin
1217. **Sobre a liberdade** – John Stuart Mill
1218. **O segredo de Chimneys** – Agatha Christie
1219. **Morte na rua Hickory** – Agatha Christie
1220. **Ulisses (Mangá)** – James Joyce
1221. **Ateísmo** – Julian Baggini
1222. **Os melhores contos de Katherine Mansfield** – Katherine Mansfied
1223.(31). **Martin Luther King** – Alain Foix
1224. **Millôr Definitivo: uma antologia de** *A Bíblia do Caos* – Millôr Fernandes
1225. **O Clube das Terças-Feiras e outras histórias** – Agatha Christie
1226. **Por que sou tão sábio** – Nietzsche
1227. **Sobre a mentira** – Platão
1228. **Sobre a leitura** *seguido do* **Depoimento de Céleste Albaret** – Proust
1229. **O homem do terno marrom** – Agatha Christie
1230.(32). **Jimi Hendrix** – Franck Médioni
1231. **Amor e amizade e outras histórias** – Jane Austen

1232. **Lady Susan, Os Watson e Sanditon** – Jane Austen
1233. **Uma breve história da ciência** – William Bynum
1234. **Macunaíma: o herói sem nenhum caráter** – Mário de Andrade
1235. **A máquina do tempo** – H.G. Wells
1236. **O homem invisível** – H.G. Wells
1237. **Os 36 estratagemas: manual secreto da arte da guerra** – Anônimo
1238. **A mina de ouro e outras histórias** – Agatha Christie
1239. **Pic** – Jack Kerouac
1240. **O habitante da escuridão e outros contos** – H.P. Lovecraft
1241. **O chamado de Cthulhu e outros contos** – H.P. Lovecraft
1242. **O melhor de Meu reino por um cavalo!** – Edição de Ivan Pinheiro Machado
1243. **A guerra dos mundos** – H.G. Wells
1244. **O caso da criada perfeita e outras histórias** – Agatha Christie
1245. **Morte por afogamento e outras histórias** – Agatha Christie
1246. **Assassinato no Comitê Central** – Manuel Vázquez Montalbán
1247. **O papai é pop** – Marcos Piangers
1248. **O papai é pop 2** – Marcos Piangers
1249. **A mamãe é rock** – Ana Cardoso
1250. **Paris boêmia** – Dan Franck
1251. **Paris libertária** – Dan Franck
1252. **Paris ocupada** – Dan Franck
1253. **Uma anedota infame** – Dostoiévski
1254. **O último dia de um condenado** – Victor Hugo
1255. **Nem só de caviar vive o homem** – J.M. Simmel
1256. **Amanhã é outro dia** – J.M. Simmel
1257. **Mulherzinhas** – Louisa May Alcott
1258. **Reforma Protestante** – Peter Marshall
1259. **História econômica global** – Robert C. Allen
1260.(33). **Che Guevara** – Alain Foix
1261. **Câncer** – Nicholas James
1262. **Akhenaton** – Agatha Christie
1263. **Aforismos para a sabedoria de vida** – Arthur Schopenhauer
1264. **Uma história do mundo** – David Coimbra
1265. **Ame e não sofra** – Walter Riso
1266. **Desapegue-se!** – Walter Riso
1267. **Os Sousa: Uma família do barulho** – Mauricio de Sousa
1268. **Nico Demo: O rei da travessura** – Mauricio de Sousa
1269. **Testemunha de acusação e outras peças** – Agatha Christie
1270.(34). **Dostoiévski** – Virgil Tanase
1271. **O melhor de Hagar 8** – Dik Browne
1272. **O melhor de Hagar 9** – Dik Browne
1273. **O melhor de Hagar 10** – Dik e Chris Browne
1274. **Considerações sobre o governo representativo** – John Stuart Mill
1275. **O homem Moisés e a religião monoteísta** – Freud
1276. **Inibição, sintoma e medo** – Freud
1277. **Além do princípio de prazer** – Freud
1278. **O direito de dizer não!** – Walter Riso
1279. **A arte de ser flexível** – Walter Riso
1280. **Casados e descasados** – August Strindberg
1281. **Da Terra à Lua** – Júlio Verne
1282. **Minhas galerias e meus pintores** – Kahnweiler
1283. **A arte do romance** – Virginia Woolf
1284. **Teatro completo v. 1: As aves da noite** *seguido de* **O visitante** – Hilda Hilst
1285. **Teatro completo v. 2: O verdugo** *seguido de* **A morte do patriarca** – Hilda Hilst
1286. **Teatro completo v. 3: O rato no muro** *seguido de* **Auto da barca de Camiri** – Hilda Hilst
1287. **Teatro completo v. 4: A empresa** *seguido de* **O novo sistema** – Hilda Hilst
1288. **Sapiens: Uma breve história da humanidade** – Yuval Noah Harari
1289. **Fora de mim** – Martha Medeiros
1290. **Divã** – Martha Medeiros
1291. **Sobre a genealogia da moral: um escrito polêmico** – Nietzsche
1292. **A consciência de Zeno** – Italo Svevo
1293. **Células-tronco** – Jonathan Slack
1294. **O fim do ciúme e outros contos** – Proust
1295. **A jangada** – Júlio Verne
1296. **A ilha do dr. Moreau** – H.G. Wells
1297. **Ninho de fidalgos** – Ivan Turguêniev
1298. **Jane Eyre** – Charlotte Brontë
1299. **Sobre gatos** – Bukowski
1300. **Sobre o amor** – Bukowski
1301. **Escrever para não enlouquecer** – Bukowski
1302. **222 receitas** – J. A. Pinheiro Machado
1303. **Reinações de Narizinho** – Monteiro Lobato
1304. **O Saci** – Monteiro Lobato
1305. **Memórias da Emília** – Monteiro Lobato
1306. **O Picapau Amarelo** – Monteiro Lobato
1307. **A reforma da Natureza** – Monteiro Lobato
1308. **Fábulas** *seguido de* **Histórias diversas** – Monteiro Lobato
1309. **Aventuras de Hans Staden** – Monteiro Lobato
1310. **Peter Pan** – Monteiro Lobato
1311. **Dom Quixote das crianças** – Monteiro Lobato
1312. **O Minotauro** – Monteiro Lobato
1313. **Um quarto só seu** – Virginia Woolf
1314. **Sonetos** – Shakespeare
1315.(35). **Thoreau** – Marie Berthoumieu e Laura El Makki
1316. **Teoria da arte** – Cynthia Freeland
1317. **A arte da prudência** – Baltasar Gracián
1318. **O louco** *seguido de* **Areia e espuma** – Khalil Gibran
1319. **O profeta** *seguido de* **O jardim do profeta** – Khalil Gibran
1320. **Jesus, o Filho do Homem** – Khalil Gibran
1321. **A luta** – Norman Mailer
1322. **Sobre o sofrimento do mundo e outros ensaios** – Schopenhauer

lepmeditores
www.lpm.com.br
o site que conta tudo

IMPRESSÃO:

PALLOTTI
GRÁFICA

Santa Maria - RS | Fone: (55) 3220.4500
www.graficapallotti.com.br